PowerShell

kurz & gut

5. AUFLAGE

PowerShell

kurz & gut

Thorsten Butz

O'REILLY®

Wir hoffen, dass Sie Freude an diesem Buch haben und sich Ihre Erwartungen erfüllen. Falls Sie Anregungen, Wünsche und Kommentare haben, lassen Sie es uns wissen: **service@rheinwerk-verlag.de**.

Informationen zu unserem Verlag und Kontaktmöglichkeiten finden Sie auf unserer Verlagswebsite **www.dpunkt.de**. Dort können Sie sich auch umfassend über unser aktuelles Programm informieren und unsere Bücher und E-Books bestellen.

Autor: Thorsten Butz
Lektorat: Alexandra Follenius
Fachgutachten: Holger Voges
Copy-Editing: Sibylle Feldmann, *www.richtiger-text.de*
Satz: III-satz, *www.drei-satz.de*
Herstellung: Stefanie Weidner
Umschlaggestaltung: Karen Montgomery, Michael Oréal, *www.oreal.de*
Druck: Beltz Grafische Betriebe, Bad Langensalza

Dieses Buch wurde mit mineralölfreien Farben auf FSC®-zertifiziertem Papier aus nachhaltiger Waldwirtschaft gedruckt. Der Umwelt zuliebe verzichten wir zusätzlich auf die Einschweißfolie. Hergestellt in Deutschland.

Bibliografische Information der Deutschen Nationalbibliothek:
Die Deutsche Nationalbibliothek verzeichnet diese Publikation in der Deutschen Nationalbibliografie; detaillierte bibliografische Daten sind im Internet über *http://dnb.dnb.de* abrufbar.

ISBN Print: 978-3-96009-145-5
ISBN PDF: 978-3-96010-405-6
ISBN ePub: 978-3-96010-406-3

5. Auflage 2021, 2. Nachdruck 2026

Dieses Buch erscheint in Kooperation mit O'Reilly Media, Inc. unter dem Imprint »O'REILLY«. O'REILLY ist ein Markenzeichen und eine eingetragene Marke von O'Reilly Media, Inc. und wird mit Einwilligung des Eigentümers verwendet.

Rheinwerk Verlag GmbH • Rheinwerkallee 4 • 53227 Bonn
service@rheinwerk-verlag.de

Inhalt

Über dieses Buch

Dieses Buch vermittelt Ihnen die zentralen Konzepte der PowerShell. Unabhängig von der spezifischen Version und dem darunterliegenden Betriebssystem erlernen Sie anhand vieler Beispiele notwendiges und sinnvolles Wissen über Cmdlets, über die Objektorientierung der Shell, das Pipelining, das Erstellen von Funktionen und Skripten, über Fernabfragen (Remoting), den Umgang mit Webservices und das Erweitern des Funktionsumfangs.

In Kapitel 2, *Hallo PowerShell!*, erhalten Sie zu Beginn einen komprimierten Überblick über die zentralen Konzepte der PowerShell. Zahlreiche Codebeispiele, die Sie sowohl unter Linux als auch unter Windows oder macOS, in PowerShell 7 oder in der Windows PowerShell 5 ausführen können, ermöglichen Ihnen einen schnellen Einstieg in das Thema.

Bei näherer Betrachtung werden Sie aber auch feststellen, dass insbesondere die kleinen, auf den ersten Blick unscheinbaren Unterschiede zwischen den PowerShell-Versionen und den unterstützten Betriebssystemen ein enormes Fehlerpotenzial mit sich bringen. Aus diesem Grund werden wir in Kapitel 20, *Neuerungen in PowerShell 7*, ausführlich die neuen Features der PowerShell 7 erläutern, was jenen Leserinnen und Lesern den Umstieg erleichtern wird, die schon über gute (Windows-)PowerShell-Kenntnisse verfügen. Starten Sie mit diesem Kapitel, wenn Sie mögen.

PowerShell 7 ist, im Gegensatz zur Windows PowerShell 5, kein fester Bestandteil von Windows. PowerShell 7 ist an manchen Stellen der Windows PowerShell 5 voraus, an einigen Stellen ist sie funktional eingeschränkt. Gewusst wie, kann man fast alle diese

Beschränkungen aufheben und mittels Fernabfragen und einer integrierten Kompatibilitätsschicht das Beste aus beiden Welten zusammenführen. Wo immer es erforderlich ist, werde ich Sie explizit auf Unterschiede und Inkompatibilitäten hinweisen. Im Kern erlernen und vertiefen Sie den Umgang mit der PowerShell, und zwar gänzlich unabhängig von der spezifischen Version und Ihrem favorisierten Betriebssystem.

Im PowerShell-Universum gibt es viele weitere spannende Entwicklungen, die wir in diesem Buch nur kurz streifen wollen, allen voran der ebenfalls plattformunabhängige Editor *Visual Studio Code* (VSCode) und die neue Applikation *Windows Terminal*.

Unter dem nachfolgenden Link finden Sie ein Repository, in dem Sie die im Buch behandelten Codebeispiele herunterladen können. Aufgrund der beschränkten Zeichenzahl, die der Druck in einer Zeile erlaubt, sind viele Codebeispiele auf eine Weise umbrochen worden, die in der PowerShell zu Fehlern führen würde. Zugunsten der Lesbarkeit habe ich auf die grundsätzlich mögliche Entwertung des Zeilenumbruchs (mit dem Gravis/Backtick) verzichtet. Schauen Sie bitte in das bereits erwähnte Repository – dort sind alle Beispiele syntaktisch korrekt umbrochen und kommentiert. Des Weiteren finden Sie dort zu den einzelnen Kapiteln weiterführende Beispiele und Aktualisierungen:

https://github.com/thorstenbutz/kurzundgut

Das Wichtigste ist, wie so oft, eigene Erfahrungen zu sammeln.

KAPITEL 1

Microsofts (R)Evolution

Seit der Veröffentlichung der *Windows PowerShell* im Jahr 2006 hat die objektorientierte Shell aus dem Hause Microsoft eine erstaunliche Metamorphose durchlaufen. Ursprünglich exklusiv für die Windows-Plattform konzipiert, entwickelte sie sich dort innerhalb weniger Jahre zur Lingua franca der Systemadministration. Microsoft, vormals auf einfache grafische Bedienkonzepte fokussiert, stellte zunehmend die Automation der Infrastruktur in den Mittelpunkt. Automation und Scripting erfuhr einen für das Microsoft-Ökosystem ungeahnten Aufschwung.

Mit einem Wechsel an der Spitze erfindet sich Microsoft im Jahr 2014 vollständig neu: Der klassische Softwarevertrieb verliert unter der Führung von Satya Nadella immer weiter an Bedeutung, in den Mittelpunkt rückt ein komplexes, Abonnement-gestütztes Dienstleistungsmodell, das den Betrieb eigener Rechenzentren in Unternehmen (»On Premise«) Stück für Stück obsolet machen soll. So wird aus dem klassischen Outlook-Exchange-Gespann das Cloud-Abonnement Microsoft 365 (vormals Office 365).

Unbeobachtet von der breiten Öffentlichkeit wandelt sich Microsoft intern vom Linux- und Open-Source-skeptischen Unternehmen zum Unterstützer quelloffener Lösungen. Schon 2013 geht Microsoft mit der Firma Docker eine strategische Partnerschaft ein, 2018 wird Microsoft Platinum-Sponsor der *Linux Foundation* und erwirbt im selben Jahr die populäre Softwareverwaltungsplattform GitHub. Unter dem Dach seiner Cloud-Plattform *Azure* finden sich Linux-basierte Anwendungen gleichrangig zu Windows-spezifischen Angeboten. Für Android- und iOS-Smartphones bietet Microsoft Software an, das Eigengewächs Windows Phone wird hingegen 2015 aufgegeben.

Lässt man diese (R)Evolution Revue passieren, überrascht es wenig, dass die Weiterentwicklung der Windows PowerShell nach zehn Jahren eingestellt wurde. An ihre Stelle tritt 2018 mit Version 6 eine in wesentlichen Teilen neu entwickelte PowerShell (ursprünglich »PowerShell Core« genannt), die neben Windows auch Linux und macOS unterstützt. Diese neue Generation der PowerShell wird nach wie vor federführend von Microsoft-Mitarbeitern entwickelt, ist aber quelloffen auf der bereits erwähnten Plattform GitHub jedem Interessierten zugänglich und steht unter der MIT-Lizenz, einer anerkannten FOSS-Lizenz (*Free and Open Source Software*). Zahlreiche Personen und Organisationen tragen seither zur Weiterentwicklung der Shell bei.

Das lange Leben der Windows PowerShell 5

Die PowerShell basiert wesentlich auf Komponenten des .NET Framework. Diese mächtige Sammlung von Programmbibliotheken und Schnittstellen (zum Beispiel zur Anbindung von Datenbanken, dem Dateisystem oder der Netzwerkkommunikation) existiert in zwei Editionen:

- *.NET Framework für Windows-Betriebssysteme*
  Diese traditionelle .NET-Variante wird gern als »FullCLR« umschrieben, da sie alle Komponenten des Frameworks bereitstellt. Die Abkürzung CLR steht für *Common Language Runtime*, was im Kern die Ausführungsschicht des .NET Framework beschreibt.
- *.NET Framework Core für Windows, Linux und macOS*
  Im Funktionsumfang (noch) eingeschränkte Neuentwicklung, auch »CoreCLR« genannt. Konzipiert als Nachfolger des klassischen .NET Framework.

Mit dem Neustart der Entwicklung hin zu einer plattformübergreifenden Shell war der Wechsel auf das *.NET Framework Core* verbunden. Die Entwickler mussten große Teile des Codes neu schreiben und dennoch zahlreiche funktionale Einschränkungen in Kauf nehmen, da der Funktionsumfang der CoreCLR stark eingeschränkt war. Diese neue Generation der PowerShell (Version 6+) ist eine installierbare Anwendung. Anders als die etablierte Windows PowerShell 5, wie sie in Windows 10 und in Windows Server ab Version 2016 integriert ist, ist sie kein Bestandteil des Betriebssystems und ist kein Teil der Lizenzvereinbarung zwischen dem Hersteller und dem Kunden.

Microsoft gewährt Geschäftskunden bis zu zehn Jahre (unter gewissen Umständen sogar noch länger) Unterstützung beim Betrieb von Windows Server und Windows 10. Werden Fehler gefunden, stellt der Hersteller Updates für das Betriebssystem bereit. Hierzu gehört nach wie vor die Windows PowerShell 5. Mit jedem neuen *Long Term Servicing*-Release von Windows verlängert sich die garantierte Unterstützung für die alte Generation somit um weitere zehn Jahre – bis zu dem Tag, an dem die Windows PowerShell 5 aus dem Betriebssystem entfernt wird.

Das .NET Framework Core hat einen wesentlich kürzeren Lebenszyklus als die Betriebssysteme aus dem gleichen Haus. Die Core Edition wird bestenfalls für drei Jahre mit Updates versorgt, anschließend ist man gezwungen, auf die nachfolgende Version zu wechseln. Sie ahnen sicherlich, in welchem Dilemma sich aufgrund dieser Umstände Microsofts PowerShell-Team befindet: Die PowerShell ist ab Version 6 nicht mehr Teil des Windows-Betriebssystems, aus Gründen der Kompatibilität verteilt das Windows-Team aber noch auf Jahre hinaus die Windows PowerShell 5, die aller Voraussicht nach jedoch keinerlei Funktionsupdate mehr erfahren wird. Sie verbleibt als Artefakt der Vergangenheit im Fokus der Anwender, da sie mit dem Betriebssystem ausgeliefert wird. Neue Versionen müssen dahin gehend heruntergeladen und bereitgestellt werden, bestehende Skripte müssen auf ihre Kompatibilität hin getestet werden – und das Ganze vor dem Hintergrund, dass PowerShell 6 und 7 in wesentlichen Teilen funktionsreduziert sind im Vergleich zu ihrem Urahn. Neue Versionen der PowerShell müssen also sehr überzeugende Verbesserungen bieten, um den Umstieg auf die aktuelle Generation zu beschleunigen.

Weiterführende Informationen zum .NET Core Lifecycle:

https://docs.microsoft.com/powershell/scripting/powershell-support-lifecycle

https://dotnet.microsoft.com/platform/support/policy/dotnet-core

Dieser Zwiespalt zwischen den Generationen spielt für den Einstieg in die PowerShell jedoch eine untergeordnete Rolle. Dieses Buch stellt die grundlegenden Ideen und Konzepte der PowerShell in den Mittelpunkt. Wo es sinnvoll oder erforderlich ist, erläutere ich versionsabhängige Unterschiede im Detail. Konzentrieren Sie sich auf die für Sie bedeutsamen Anwendungsgebiete und erweitern Sie Ihre Fähigkeiten im Umgang mit der Shell. Ihr Know-how ist versionsunabhängig.

KAPITEL 2

Hallo PowerShell!

Die PowerShell ist ein ursprünglich von Microsoft entwickeltes plattformübergreifendes Werkzeug zur Automation und Konfiguration der IT-Infrastruktur, bestehend aus einer Skriptsprache und einem Kommandozeileninterpreter, der *Shell*. PowerShell ist eine objektorientierte Skriptsprache, die die Klassen und Datentypen des .NET Framework mit einer benutzerfreundlichen Befehlssyntax zugänglich macht.

Die PowerShell steht sowohl im Quelltext als auch kompiliert für zahlreiche Betriebssysteme auf den Projektseiten zum Download bereit: *https://github.com/PowerShell/PowerShell*.

Seit Version 6 steht der Code unter der *MIT-License*. Details zur Installation und den betriebssystemspezifischen Unterschieden finden Sie in Kapitel 3, *Installieren und Aktualisieren der PowerShell*.

```
Get-Uptime
Get-FileHash -Path 'helloworld.ps1'
Test-Connection -TargetName 'www.oreilly.de' -TcpPort 80
```

PowerShell-Befehle sind idealerweise auch für Einsteiger gut les- und erinnerbar. Sogenannte Cmdlets, wie `Get-Uptime` im Beispiel oben, bestehen prinzipiell aus einem Verb (`Get`) und einem Nomen (`Uptime`) und sind exklusiv in der PowerShell ausführbar. Die Shell unterstützt den Anwender darüber hinaus mithilfe der Autovervollständigung beim (Wieder-)Finden der gewünschten Befehle, Parameter und Argumente.

```
Get-Uptime -since
Get-Process -Name 'pwsh'
Compress-Archive -Path '~/*' -DestinationPath 'backup.zip'
```

Einem Cmdlet folgen gegebenenfalls Parameter, gut erkennbar an dem vorangestellten Bindestrich, und Argumente. Im Beispiel oben verwenden wir die Tilde ~, die in der PowerShell (und vielen anderen Shells) das Heimatverzeichnis repräsentiert. In vielen Fällen unterstützt Sie die Shell mithilfe der Tabulatortaste nicht nur beim Vervollständigen des Cmdlet-Namens und dessen Parametern, auch Argumente können in einigen Fällen automatisch vervollständigt werden.

Hinweis

Um Ihnen Werte anbieten zu können, die Sie mithilfe der Autovervollständigung als Argument übergeben, muss der PowerShell-Interpret gültige Werte bereits ermitteln, bevor Sie diese Werte eintippen. Im Beispiel `Get-Process -Name 'pwsh'` kann die PowerShell Ihnen `'pwsh'` anbieten, da Sie im Hintergrund die Liste aktiver Prozesse bereits abgerufen hat. Das Gleiche wird mit `Compress-Archive -Path '~/*' -DestinationPath 'backup.zip'` nicht funktionieren – woher sollte das System wissen, wie Sie Ihre Zip-Datei nennen möchten?

Cmdlets sind das Herzstück der PowerShell. Die Ausführung von Programmcode ist aber nicht auf Cmdlets beschränkt. Sie können ebenfalls die althergebrachten Kommandozeilenprogramme (englisch *Native Commands*) verwenden.

```
nslookup www.oreilly.de
ping www.oreilly.de
```

Ebenso sind einfache (Rechen-)Operationen unmittelbar ausführbar.

```
42 + 23
60 * 60
7 % 2
'Power' + 'Shell'
```

Betrachtet man die PowerShell ein wenig technischer, stößt man schnell auf das bereits eingangs erwähnte .NET Framework.

```
[System.Net.Dns]::GetHostByName('www.oreilly.de')
[System.Net.Sockets.TcpClient]::new('188.40.159.226',80)
```

Das .NET Framework ist Microsofts zentrale Sammlung von Klassenbibliotheken und Schnittstellen zur Entwicklung von Software in Hochsprachen wie C#. Mittels PowerShell erlangt der Anwender Zugriff auf diese Sammlung Zehntausender Programmbausteine, wodurch sich der Einsatzbereich der Shell explosionsartig erweitert. Mehr zu der speziellen Syntax in diesem Kontext erfahren Sie im Abschnitt »Rückgriff auf das .NET Framework« auf Seite 115.

Das LEGO®-Prinzip

Als Klassenbibliothek bezeichnet man eine Sammlung von Standardimplementierungen häufig benötigter Datenstrukturen und Algorithmen beispielsweise zum Dateizugriff, zur Netzwerkkommunikation, zum Zugriff auf Datenbanken oder zur Darstellung grafischer Benutzeroberflächen. Diese Softwarebausteine werden typischerweise vom Softwareentwickler zu einem größeren Ganzen zusammengefügt und mit eigener Programmlogik ergänzt. Schlicht ausgedrückt, kann man dies mit dem sehr erfolgreichen Spielprinzip eines dänischen Spielzeugherstellers vergleichen: Einzelne Bausteine lassen sich auf eine vorgegebene Weise zusammenstecken und erlauben so sehr einfach das Erschaffen komplexer Gegenstände aus Standardelementen.

Was ist ein Cmdlet?

Im Idealfall finden Sie in der PowerShell ein sogenanntes *Cmdlet*, das die von Ihnen gewünschte Aufgabe erfüllen kann. Angenommen, Sie suchten nach einer Aufzählung aller aktiven Prozesse.

```
Get-Process
```

Nehmen wir weiter an, dass Sie nun im Anschluss einen ganz bestimmten Prozess suchen und beenden wollen.

```
Get-Process -Name 'pwsh'
Stop-Process -Name 'pwsh'
```

Vergleichen wir diese Codebeispiele mit dem nachfolgenden Listing.

```
[System.Diagnostics.Process]::GetProcesses()
[System.Diagnostics.Process]::GetProcessesByName('pwsh').kill()
```

Ganz offenkundig handelt es sich um die gleiche Funktionalität: Zunächst fragen Sie nach aktiven Prozessen, im Anschluss beenden Sie einen spezifischen Prozess. Dies ist kein Zufall, es handelt sich im Inneren um denselben Code. Ein Cmdlet, hier `Get-Process`, ist oftmals nur eine benutzerfreundliche Hülle, ein Frontend für eine Softwareroutine, die unabhängig von der PowerShell implementiert wurde.

Der Begriff Cmdlet (gesprochen Commandlet) ist ein Kunstwort, es beschreibt ein Kommando, das einzig in der PowerShell ausführbar ist und der benutzerfreundlichen Verb-Nomen-Syntax folgt. Allgemein spricht man von einem *Befehl* (englisch *Command*), wenn die genaue Unterscheidung (Cmdlet, Applikation ...) irrelevant ist oder man mehrere Befehle zu einer komplexen Anweisung zusammenführt, zum Beispiel mittels Pipelining. Ein Befehl kann im allgemeinen Sprachgebrauch praktisch alles sein, was den Computer dazu bringt, eine Aktion auszuführen.

Cmdlets im engeren Sinn werden in einer .NET-Sprache wie C# entwickelt und in **.dll*-Dateien[1] übersetzt. Sie werden auch binäre Cmdlets genannt. Zusammen mit einem beschreibenden Manifest, einer **.psd1*-Datei und gegebenenfalls weiteren Ressourcen wie Hilfedateien werden diese als sogenannte *Module* bereitgestellt.

```
Get-Command -Name 'Get-Process' |  Select-Object -property
  CommandType, Name, Version, Source, DLL
Get-Command -CommandType 'Cmdlet'
```

Zu welchem Modul ein Cmdlet gehört, erkennen Sie in der Ausgabe von `Get-Command` (siehe Beispiel oben) an der Eigenschaft `Source`. So können Sie unter anderem nachvollziehen, welche Cmdlets ähnliche Aufgaben erfüllen.

Binären Cmdlets gleichgestellt sind sogenannte *Advanced Functions*, wie etwa `Compress-Archive`. Advanced Functions sind in der Sprache PowerShell implementiert, ihre Funktionsweise können Sie jederzeit im Quelltext nachvollziehen.

---

1 Eine *Dynamic Link Library* (DLL) umfasst Programmcode, ähnlich einer ausführbaren **.exe*-Datei (Windows). Der Benutzer ruft die Datei nicht unmittelbar selbst auf, sie dient anderen Programmen als Bibliothek.

```
Get-Command -Name 'Compress-Archive'
Get-Command -Name 'Compress-Archive' |
  Select-Object -ExpandProperty Definition
Get-Command -CommandType 'Function'
```

Begriffsverwirrung

In Version 1 der PowerShell existierten ausschließlich binäre Cmdlets, sie wurden in einer .NET-Hochsprache programmiert und übersetzt/kompiliert. Mit Einführung der flexibleren Advanced Functions in PowerShell-Version 2 wurde das Kunstwort Cmdlet gleichsam zum Oberbegriff, was bis zum heutigen Tag mancherorts für Verwirrung sorgt. So erweckt die Ausgabe von `Get-Command` den Eindruck, nur binäre Cmdlets seien *echte* Cmdlets. Technisch ist dies weitgehend irrelevant. Aus Sicht des Anwenders sind jedoch das einprägsame Benennungskonzept, die Objektorientierung und das Pipelining die entscheidenden Vorteile gegenüber Applikationen wie *ipconfig.exe* (Windows) oder *ip* bzw. *ifconfig* (Linux, macOS). Und dies umfasst mehr als nur die binären Cmdlets, sodass ich in diesem Buch Cmdlet als Oberbegriff verwenden werde.

Objektorientierung und Pipeline

Ich habe die Pipeline bereits im vorhergehenden Abschnitt in einigen Beispielen verwendet. Lassen Sie uns diese Beispiele aufgreifen und erweitern.

```
Get-Command -Name 'Get-Process'
Get-Command -Name 'Get-Process' | Select-Object -Property *
```

Wenn Sie den ersten Befehl ausführen, wird Ihnen unmittelbar auffallen, dass eine interessante Information fehlt: Binäre Cmdlets sind in DLL-Dateien gespeichert. In welcher? Das erfahren wir mit der Standardausgabe des `Get-Command`-Befehls zunächst nicht. Stellen Sie sich für einen Moment vor, dass ein Freund für Sie eine Liste aller PowerShell-Kommandos mithilfe einer Tabellenkalkulation erstellt hat, wie in Abbildung 2-1 zu sehen, und Ihnen diese Liste als **.xlsx*- oder **.ods*-Datei zukommen lässt.

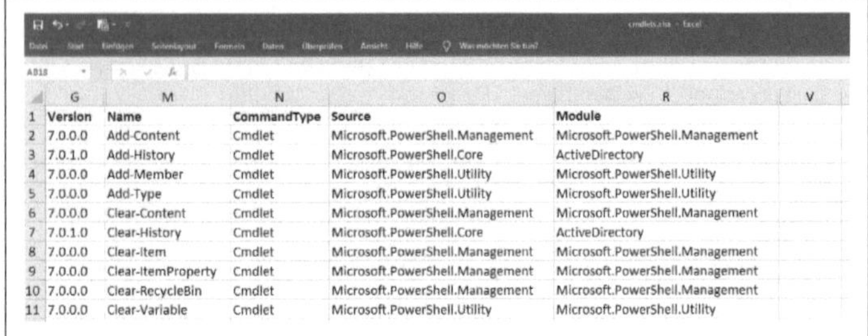

	G	M	N	O	R	V
1	Version	Name	CommandType	Source	Module	
2	7.0.0.0	Add-Content	Cmdlet	Microsoft.PowerShell.Management	Microsoft.PowerShell.Management	
3	7.0.1.0	Add-History	Cmdlet	Microsoft.PowerShell.Core	ActiveDirectory	
4	7.0.0.0	Add-Member	Cmdlet	Microsoft.PowerShell.Utility	Microsoft.PowerShell.Utility	
5	7.0.0.0	Add-Type	Cmdlet	Microsoft.PowerShell.Utility	Microsoft.PowerShell.Utility	
6	7.0.0.0	Clear-Content	Cmdlet	Microsoft.PowerShell.Management	Microsoft.PowerShell.Management	
7	7.0.1.0	Clear-History	Cmdlet	Microsoft.PowerShell.Core	ActiveDirectory	
8	7.0.0.0	Clear-Item	Cmdlet	Microsoft.PowerShell.Management	Microsoft.PowerShell.Management	
9	7.0.0.0	Clear-ItemProperty	Cmdlet	Microsoft.PowerShell.Management	Microsoft.PowerShell.Management	
10	7.0.0.0	Clear-RecycleBin	Cmdlet	Microsoft.PowerShell.Management	Microsoft.PowerShell.Management	
11	7.0.0.0	Clear-Variable	Cmdlet	Microsoft.PowerShell.Utility	Microsoft.PowerShell.Utility	

Abbildung 2-1: PowerShell-7-Cmdlets in einer Tabellenkalkulation

Wenn Sie genau hinschauen, werden Sie entdecken, dass offenkundig einige Spalten ausgeblendet wurden (die Tabellenspalten springen von G nach M etc.). Vermutlich hat unser gedachter Freund die Tabelle übersichtlich gestalten wollen und aus diesem Grund einige vermeintlich weniger relevante Informationen ausgeblendet.

Im Wesentlichen geschieht in der PowerShell exakt das Gleiche. Wollen Sie wirklich alle Eigenschaften sehen, übergeben Sie mithilfe des Pipeline-Operators `|` das Ergebnis des ersten Befehls `Get-Command -Name 'Get-Process'` an einen zweiten Befehl, hier `Select-Object`, der ihnen dann auf Wunsch alle oder eine ganz bestimmte Auswahl an Eigenschaften ausgibt.

```
Get-Command -Name 'Get-Process' | Select-Object -Property *
Get-Command -Name 'Get-Process' |
  Select-Object -Property CommandType, Name, Version,
    Source, DLL
```

Betrachten Sie einige weitere Beispiele – Sie werden das immer gleiche Muster erkennen, mit dem Sie die Ausgabe eines Befehls an Ihre Bedürfnisse anpassen können.

```
Get-Uptime
Get-Uptime | Select-Object -property *
Get-Uptime | Select-Object -property TotalHours

Get-Process -Name 'pwsh'
Get-Process -Name 'pwsh' | Select-Object -Property *
Get-Process -Name 'pwsh' |
  Select-Object -Property Processname, ID, Path
```

PowerShell-Cmdlets sind für sich allein oftmals keine sonderlich mächtigen Werkzeuge. Ihre Wirkung entwickeln sie in aller Regel in der Kombination verschiedener Befehle.

```
Get-Process | Sort-Object -Property Handles -Descending |
  Select-Object -First 10

Get-Process -name 'pwsh' | Stop-Process -confirm

Get-ChildItem -Path $home -File -Recurse |
  Group-Object -Property Extension |
    Sort-Object -Property Count -Descending

Get-ChildItem -Path $home -File -Recurse |
  Measure-Object -Property Length -AllStats

Find-Module -Tag 'PSEdition_Core' | Measure-Object |
  Select-Object -ExpandProperty Count
```

Im Listing oben suchen wir zunächst nach aktiven Prozessen, sortieren diese absteigend, sodass die ressourcenhungrigsten Prozesse am Anfang unsere Liste stehen, und lassen uns schließlich die ersten zehn Prozesse ausgeben.

Anschließend suchen wir mit dem Befehl `Get-ChildItem` nach Dateien (ähnlich `dir` oder `ls`) im Heimatverzeichnis des Anwenders und in allen darunterliegenden Ordnern. Die gefundenen Dateien werden nach Dateityp (Extension) gruppiert und in der Reihenfolge ihrer Häufigkeit ausgegeben. Da die PowerShell von klein nach groß sortiert, drehen wir die Reihenfolge abschließend mit dem Parameter `-descending` um. Im zweiten Beispiel lassen wir die PowerShell den benötigten Speicherplatz für diese Dateien berechnen. Grundlage hierfür ist die Eigenschaft `Length`, die etwas unglücklich benannt ist. Sie gibt die Dateigröße in Byte an.

Schließlich suchen wir mithilfe von `Find-Module -tag PSEdition_Core` in der PowerShell Gallery nach Modulen, die zur PowerShell ab Version 6 kompatibel sind. Die gefundenen Module werden gezählt, die Anzahl wird als reiner Zahlenwert ausgegeben. Sie erfahren mehr darüber im Abschnitt »Die PowerShell Gallery« auf Seite 94.

Haben Sie es gemerkt? PowerShell-Befehle sind leicht lesbar. Die oftmals selbsterklärende Benennung und das wiederkehrende Prinzip der Übergabe von strukturierten Daten an einen nachfolgenden Befehl macht die PowerShell gleichzeitig leicht benutzbar und sehr mächtig. Ein Eckpfeiler der PowerShell-Philosophie ist die Übergabe von strukturierten und typisierten Daten.

Sie haben bereits `Get-ChildItem` kennengelernt, um Dateien und Ordner zu finden. Lassen Sie uns eine einzelne Datei betrachten, das geeignetere Cmdlet dazu ist `Get-Item` (obgleich Sie auch mit `Get-ChildItem` zum Ziel kämen), siehe Abbildung 2-2.

```
PowerShell 7 (x64)
PS C:\> Get-Item -Path 'helloworld.ps1' | Get-Member -MemberType Property

   TypeName: System.IO.FileInfo

Name              MemberType Definition
----              ---------- ----------
Attributes        Property   System.IO.FileAttributes Attributes {get;set;}
CreationTime      Property   datetime CreationTime {get;set;}
CreationTimeUtc   Property   datetime CreationTimeUtc {get;set;}
Directory         Property   System.IO.DirectoryInfo Directory {get;}
DirectoryName     Property   string DirectoryName {get;}
Exists            Property   bool Exists {get;}
Extension         Property   string Extension {get;}
FullName          Property   string FullName {get;}
IsReadOnly        Property   bool IsReadOnly {get;set;}
LastAccessTime    Property   datetime LastAccessTime {get;set;}
LastAccessTimeUtc Property   datetime LastAccessTimeUtc {get;set;}
LastWriteTime     Property   datetime LastWriteTime {get;set;}
LastWriteTimeUtc  Property   datetime LastWriteTimeUtc {get;set;}
Length            Property   long Length {get;}
Name              Property   string Name {get;}
```

Abbildung 2-2: Die Eigenschaften einer Datei untersuchen

`Get-Member` gibt Aufschluss über den Datentyp (`System.IO.FileInfo`), den das Cmdlet `Get-Item` erzeugt. Anstatt Informationen über die konkrete Datei ausgeben zu lassen, übermitteln wir über die Pipeline das Ergebnis an `Get-Member` und fragen außerdem die korrespondierenden Eigenschaften (Properties) der Klasse ab. Über die Pipeline werden die Daten gemäß dieser definierten Struktur übergeben.

Wenn Sie sich für den Zeitpunkt interessieren, an dem die Beispieldatei erstellt wurde, müssen Sie diese Information nicht aus einer willkürlichen Ausgabe herausfiltern, Sie fordern einfach diese und gegebenenfalls weitere interessante Eigenschaften an. Die Standardausgabe ist im Prinzip nur ein Vorschlag der PowerShell-Entwickler.

```
Get-Item -Path 'helloworld.ps1' |
  Select-Object -Property CreationTime, Fullname

Get-ChildItem -Path $home -file -Recurse |
  Select-Object -Property CreationTime, Fullname

Get-Process -Name 'pwsh' | Get-Member -MemberType Property
Get-Process -Name 'pwsh' |
  Select-Object -Property StartTime, Id, Processname, Path
```

Der Begriff *Objektorientierung* leitet sich daraus ab, dass man ein standardisiertes Schema verwendet, in dem sogenannte *Klassen* definiert sind, aus denen man *Objekte* ableitet – instanziiert. Klassen sind nichts anderes als Bauanleitungen, auf deren Grundlage man beliebig viele Instanzen eines definierten Typs erzeugt. Stellen Sie sich einen 3-D-Drucker vor, mit dem Sie Gegenstände in beliebiger Zahl selbst erzeugen. Mittels einer *Bauanleitung* können Sie diese Gegenstände drucken, und zwar so viel Sie möchten.

Weder das Pipelining noch die Objektorientierung ist eine Erfindung von Microsoft; einzigartig ist jedoch die Idee, Befehlsketten auf diese intuitiv erlernbare Weise in einer Skriptsprache und einer interaktiven Shell zusammenzuführen. In den weiteren Kapiteln werden wir diese zentralen Konzepte vertiefen.

KAPITEL 3

Installieren und Aktualisieren der PowerShell

Seit der ersten Veröffentlichung im November 2006 sind sieben Hauptversionen der PowerShell freigegeben worden. In den Versionen 1 bis 5 war die PowerShell integrierter Bestandteil des Windows-Betriebssystems und wurde mit einem speziellen Updatepaket, dem *Windows Management Framework* (WMF), aktualisiert.

Tabelle 3-1: PowerShell-Versionen und unterstützte Betriebssysteme, int. = integrierter Bestandteil

	v1	v2	v3	v4	v5	v6	v7
WS 2008	int.	WMF-Update	WMF-Update				
Windows 7		int.	WMF-Update	WMF-Update	WMF-Update	Setup	
WS 2008 R2		int.	WMF-Update	WMF-Update	WMF-Update	Setup	
Windows 8			int.				
WS 2012			int.	WMF-Update	WMF-Update		
Windows 8.1				int.	WMF-Update	Setup	Setup
WS 2012 R2				int.	WMF-Update	Setup	Setup
Windows 10					int.	Setup	Setup
WS 2016+					int.	Setup	Setup
Linux						Setup	Setup
macOS 10.12+						Setup	Setup

Seit dem Generationswechsel (PowerShell 6+) ist die PowerShell ein Programmpaket, das mit den üblichen Verfahren der Betriebssysteme installiert werden kann. Das erforderliche .NET Framework Core bringen die aktuellen Installationspakete mit[1], ein paralleler Betrieb verschiedener PowerShell-Versionen ist möglich.

- Übersicht über die verfügbaren Installationspakete: *https://github.com/PowerShell/PowerShell#get-powershell*.
- Detaillierte Informationen über aktuelle Veröffentlichungen einschließlich Previews (Vorabversionen): *https://github.com/powershell/powershell/releases*.

Mit PowerShell 7 verknüpft das Entwicklerteam den Lebenszyklus der PowerShell mit dem *.NET Core Support Lifecycle* und definiert erstmals einen *Long Term Support* (LTS), mit dem Aktualisierungen für drei Jahre gewährleistet sind (siehe auch den Abschnitt »Das lange Leben der Windows PowerShell 5« auf Seite 2).

Zur Unterscheidung zwischen der *alten* Windows PowerShell und der *neuen* plattformunabhängigen PowerShell haben die Entwickler den Applikationsnamen geändert:

- Windows PowerShell 1 bis 5: *powershell.exe*
- PowerShell 6+: *pwsh.exe* unter Windows, *pwsh* unter Linux und macOS

Installation von PowerShell 7 unter Windows

Sie können das gewünschte Programmpaket im Browser herunterladen oder das Paket aus dem Windows Store anfordern und grafisch installieren. Sollten Sie die Installation automatisieren wollen, können Sie ein Installationsskript nutzen, das Sie ebenfalls auf den GitHub-Projektseiten finden. Mithilfe einer vorhandenen (Windows-) PowerShell lässt sich die Installation unbeaufsichtigt durchführen.

1 PowerShell 7 wird als »Self-contained Application« distribuiert.

```
# Herunterladen des Installationsskripts:
Invoke-RestMethod -uri 'https://aka.ms/install-powershell.ps1'
  -UseBasicParsing -OutFile 'install-powershell.ps1'

# Systemweite Installation
.\install-powershell.ps1 -Quiet -UseMSI

# Benutzerspezifische Installation
.\install-powershell.ps1  -Destination 'PS7' -AddToPath

# Installation der aktuellen Preview
.\install-powershell.ps1 -Quiet -UseMSI -Preview
```

Sie benötigen zur Bereitstellung der PowerShell 7 nicht zwingend administrative Rechte. Unter Windows kopiert die Installationsroutine im Benutzermodus die erforderlichen Dateien in das Verzeichnis *$home\AppData\Local\Microsoft\powershell*, wo sie dann aber nur dem aktuellen Benutzer zugänglich sind. Mit dem Parameter `-Destination` können Sie, wie im Beispiel oben zu sehen ist, optional einen Pfad angeben. Mit dem ebenfalls optionalen Parameter `-AddToPath` wird dieses Verzeichnis in den Suchpfad des Anwenders aufgenommen.

Für Windows ist eine Reihe von Paketverwaltungswerkzeugen verfügbar, die jedoch kein integrierter Bestandteil des Betriebssystems sind und somit zunächst installiert werden müssen. Auch mit solchen Werkzeugen lässt sich die PowerShell auf einfachste Weise installieren.

Windows Package Manager (WinGet)

Die im Mai 2020 als Betaversion vorgestellte Paketverwaltung *WinGet* (offiziell: *Windows Package Manager*) könnte in Zukunft eine zentrale Rolle bei der Verwaltung von Windows-Erweiterungen spielen.

```
winget install powershell
```

Chocolatey

Chocolatey ist eine bewährte Community-Lösung, für die zahlreiche Installationsskripte bereitstehen, mit deren Hilfe man effizient

Erweiterungen unter Windows nachinstallieren kann. Im Gegensatz zu WinGet wird diese Lösung nicht von Microsoft selbst bereitgestellt.

```
choco install powershell-core
```

Dotnet tool

PowerShell ist als *.NET Global Tool* verfügbar, ein unter Entwicklern beliebtes Paketformat. Vorausgesetzt, Sie haben das *.NET Core SDK (Software Development Kit)* installiert, lässt sich die PowerShell mit einer einzelnen Zeile auf allen unterstützten Betriebssystemen nachrüsten.

```
dotnet tool install --global PowerShell
```

Installation von PowerShell 7 unter Linux

Microsoft stellt recht detaillierte Installationsleitfäden für zahlreiche Installationsvarianten und Distributionen in der offiziellen Dokumentation bereit:

https://docs.microsoft.com/en-us/powershell/scripting/install/installing-powershell-core-on-linux

Eine Option haben Sie bereits kennengelernt, die Installation als .NET Global Tool. Unter der Vielzahl der weiteren Möglichkeiten greife ich beispielhaft einige Installationswege heraus.

Debian 10: Installation der PowerShell

```
# Herunterladen der GPG-Schlüssel für das Microsoft-Repository
wget https://packages.microsoft.com/config/debian/10/packages-
microsoft-prod.deb

# Registrieren der GPG-Schlüssel
dpkg -i packages-microsoft-prod.deb

# Aktualisieren der Paketquellen
apt-get update

# Installation der PowerShell
apt-get install -y powershell
```

```
# Start der PowerShell
pwsh
```

Raspbian 9: Installation der PowerShell ohne Paketverwaltung

```
# Erstellen des Programmverzeichnisses (Sie können auch
# einen anderen Ordner nutzen)
mkdir -p /opt/powershell

# Installation erforderlicher Pakete für das
# .NET Framework Core. Der reguläre Ausdruck
# stellt sicher, dass keine unnötigen Komponenten
# mitinstalliert werden.
apt-get install '^libssl1.0.[0-9]$' libunwind8 -y

# Download-URI ermitteln: Der grep-Suchfilter stellt
# sicher, dass wir nur den Download-Link
# für ARM-32-Bit erhalten (als Einzeiler!).
URI=$(curl -s https://api.github.com/repos/powershell/
  powershell/releases/latest | grep -oP
    '"browser_download_url": *"\K.*linux-arm32\.tar\.gz')

# Herunterladen und Entpacken
wget $URI
tar -xvf ${URI##*/} -C ~/powershell

# Erstellen eines symbolischen Links, um von jedem
# beliebigen Verzeichnis die PowerShell mittels
# "pwsh" aufrufen zu können
ln -s /opt/powershell/pwsh /usr/bin/pwsh

# Start der PowerShell
pwsh
```

Aufgrund ungelöster Paketabhängigkeiten hat die Installation der PowerShell 6 und 7 mittels apt/dpkg in den letzten Ubuntu-Releases regelmäßig zu Fehlern geführt. Als Ergänzung zu diesen traditionellen Paketverwaltern setzt Ubuntu verstärkt auf das hauseigene containerbasierte Paketformat namens *SNAP*, das mit großer Flexibilität trumpft – aufgrund proprietärer Komponenten aber in der Linux-Community umstritten ist. Schon bei der Installation eines Ubuntu-Servers, hier in Abbildung 3-1 die LTS-Version 20.04, wird Ihnen SNAP angeboten. Sie können die PowerShell aber auch jederzeit mit den folgenden Zeilen nachrüsten.

```
# Installation und Start des stabilen PowerShell-Release
snap install powershell -classic
pwsh

# Entfernen von SNAP
snap remove powershell

# Alternative Installation der Preview
snap install powershell-preview -classic
pwsh-preview
```

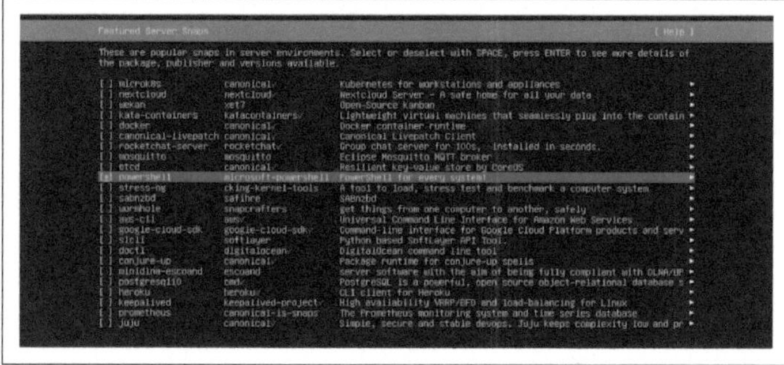

Abbildung 3-1: Ubuntu 20.04: Installation der PowerShell mittels SNAP

Installation der PowerShell unter macOS

Die PowerShell steht zur Drucklegung dieses Buchs nicht im Mac App Store bereit. Ein manueller Installationsweg findet sich auf Microsofts Dokumentationsseiten, aber den flexibelsten und einfachsten Zugang bietet das *Homebrew*-Projekt. Beachten Sie hier aber, dass Sie Drittsoftware installieren, was prinzipiell gut überlegt sein will und ein gewisses Vertrauen gegenüber dem Anbieter, in diesem Fall den Homebrew-Entwicklern, erfordert.

```
/bin/bash -c
  "$(curl -fsSL https://raw.githubusercontent.com/Homebrew/
    install/master/install.sh)"

# Installation mittels Homebrew
brew cask install powershell
pwsh
```

```
# Aktualisierung mittels Homebrew
brew update
brew cask upgrade powershell
```

- Projektseite der Homebrew-Erweiterung: *https://brew.sh*
- Dokumentationsleitfaden bei Microsoft: *https://docs.microsoft.com/de-de/powershell/scripting/install/installing-powershell-core-on-macos*

Update auf Windows PowerShell 5.1

PowerShell 7 integriert aus Gründen der Abwärtskompatibilität Schnittstellen zur Windows PowerShell 5 und stellt so den Zugriff auf zahlreiche Module sicher, die nur über eine Kompatibilitätsschicht lauffähig sind. Nur so ist zum Beispiel der Zugriff auf das Active-Directory-Modul möglich. Insofern ist ein paralleles Update auf Windows PowerShell 5.1 sinnvoll, wenn Sie an einem Windows 8.1 oder Windows Server 2012 (R2) arbeiten. Mehr erfahren Sie im Abschnitt »Kompatibilitätsschicht« auf Seite 194.

Die Windows PowerShell wird im Gegensatz zu ihren Nachfolgern mittels Betriebssystemupdates auf den gewünschten Stand gebracht. Das Update auf die höchstmögliche Windows PowerShell ist Bestandteil des *Windows Management Framework* (WMF) in der Version 5.1, mit dem neben der Windows PowerShell eine Reihe weiterer Komponenten aktualisiert wird (siehe Tabelle 3-1 auf Seite 15).

WMF 5.1 benötigt seinerseits das *NET Framework 4.5.2*, das gegebenenfalls vorab installiert werden muss. Das Updatepaket steht für die derzeit noch unterstützten Betriebssysteme Windows Server 2012, Windows Server 2012 R2 sowie Windows 8.1 unter der nachfolgenden Adresse bereit: *http://aka.ms/wmf51download*

Windows 10 als Management-Hub

Aus Tradition und Gewohnheit administrieren viele Serverbetreuer ihre Maschinen mithilfe von Remote Desktop, das den interaktiven Zugriff auf den Desktop des Windows Server erlaubt. Diese Vorgehensweise ist äußerst problematisch – alleine schon weil man hierzu das leicht korrumpierbare RDP (*Remote Desktop Protocol*) nutzt.

Im Serverbetrieb sind Kontinuität und Stabilität wesentlich, die Rechenleistung sollte möglichst exklusiv den Serverdiensten zur Verfügung stehen. Aus diesem Grund sollten administrative Tätigkeiten, wie zum Beispiel das Anlegen von Benutzern im Active Directory, von einem Client ausgeführt werden. Dies muss nicht zwingend Windows 10 sein, auch ein Windows Server 2019, der explizit als Remote-Desktop-Host oder Citrix-Server eingerichtet ist, ein macOS- oder ein Linux-Client sind valide Optionen.

Entscheidend ist, dass in all diesen Fällen lediglich auf dem Client die Installation der PowerShell 7 und weiterer Werkzeuge (Visual Studio Code etc.) erforderlich ist. Für den Remotezugriff auf Windows-Server ist in vielen Fällen keine lokale Installation der PowerShell 7 auf dem Zielserver erforderlich. So nutzen Sie zwar auf Ihrem Management-Hub die neueste Technologie, über die Remoting-Funktionen sprechen Sie dann aber zum Beispiel mit dem Webservice eines Windows-Server-2012-R2-Domain-Controllers, der Ihnen den Zugang zum Active Directory gewährt, ohne dass ein Update des Windows-Management-Frameworks oder die Installation der PowerShell 7 erforderlich ist. Über diese Aspekte lesen Sie mehr in Kapitel 15, *Entfernte Rechner verwalten*.

Installation von Visual Studio Code

PowerShell 7 bietet keinen integrierten Editor. Die meistgenutzte Alternative ist der kostenfreie und quelloffene Editor *Visual Studio Code* (kurz VSCode), der aufbauend auf dem Electron-Framework plattformübergreifend eine Vielzahl von Skript- und Programmiersprachen unterstützt. Auf der Projekt-Homepage finden Sie verschiedene Installationspakete, die grafische Installation ist selbsterklärend: *https://code.visualstudio.com/download*.

Achten Sie jedoch darauf, dass Visual Studio Code für Windows unter anderem als *User Installer*-Paket angeboten wird, für das einerseits der Anwender keine administrativen Berechtigungen zur Installation benötigt und andererseits der Editor dann auch nur diesem Benutzer zur Verfügung steht, also nicht systemweit installiert wird. Ein *System Installer* steht alternativ bereit. Für Linux existieren neben den verbreiteten Paketformaten *.deb* und *.rpm* ein gezipptes Archiv sowie ein SNAP. Für macOS wird ein gezipptes Archiv angeboten, in dem sich ein Application Bundle befindet, das der Anwender herunterladen, entpacken und dann in den *Applications*-Ordner verschieben kann.

Nach der Installation des Editors (siehe Abbildung 3-2) fehlt dem Generalisten VSCode noch die spezifische Unterstützung für PowerShell-Skripte. Wenn Sie eine neue Datei anlegen und einen PowerShell-Befehl eintippen, erhalten Sie nicht einmal ein Syntax-Highlighting, auch dann nicht, wenn Sie VSCode explizit mitteilen, dass es sich bei Ihrem Code um die Sprache PowerShell handelt.

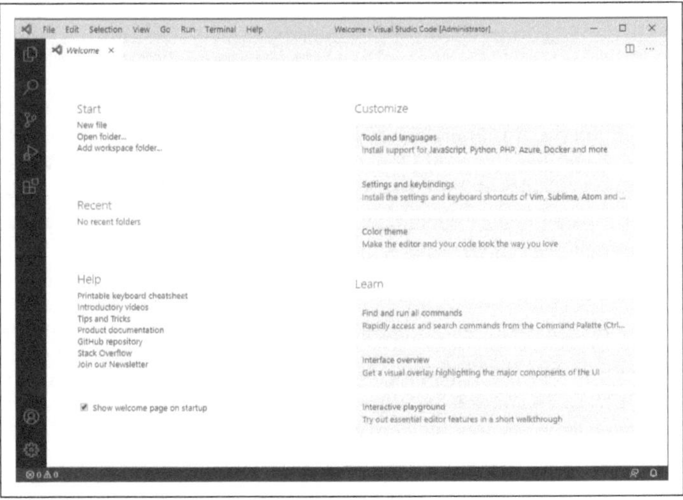

Abbildung 3-2: Visual Studio Code nach der Installation

Um sinnvoll arbeiten zu können, sollten Sie eine Erweiterung installieren:

- Wählen Sie das Menü *View/Extensions*.
- Suchen Sie nach *PowerShell*.

- Installieren Sie die erste gefundene Erweiterung mit dem angezeigten Namen *PowerShell* (Hersteller Microsoft, interner Name: *ms-vscode.powershell*).

Zum Abschluss der Installation können Sie das Farbschema ändern; wenn Sie *PowerShell ISE* wählen, erinnert das Programm optisch stark an die integrierte Skriptumgebung der Windows PowerShell.

Haben Sie nun eine neue Datei erzeugt und mit der Erweiterung **.ps1* abgespeichert, stehen Ihnen diverse hilfreiche Routinen zur Verfügung:

- Syntax-Highlighting.
- F8 führt den markierten Code in der (integrierten PowerShell-) Konsole aus.
- In der Statusleiste wird Ihnen die PowerShell-Version angezeigt, Sie können dort auch zwischen verschiedenen Versionen wechseln.

Sie können die Annäherung an die ISE noch weiter perfektionieren, indem Sie in der *Command Palette* das Kommando *Enable ISE Mode* aufrufen. In der Konfigurationsdatei (*settings.json*) werden dann zahlreiche Einstellungen eingetragen, die VSCode ein Stück weit zum PowerShell-Spezialisten machen.

- Rufen Sie im Menü *View* die *Command Palette* auf
- Suchen Sie nach *Enable ISE Mode* und aktivieren Sie diesen Punkt.
- Öffnen Sie im Menü *File/Preferences* die *Settings*.
- Oben rechts finden Sie nun ein Seitensymbol; sobald Sie mit der Maus über das Icon fahren, erscheint *Open Settings (JSON)*. Klicken Sie auf dieses Symbol.

In der nun geöffneten *settings.json* sehen Sie die Konfiguration Ihres Editors. Der ISE-Modus hat die meisten dieser Einstellungen, die Sie in Abbildung 3-3 oben sehen, erzeugt und ermöglicht so eine bessere Zusammenarbeit zwischen PowerShell und VSCode. Visual Studio Code ist sehr komplex; Sie erhalten einen guten Einblick in das Zusammenspiel von Editor und PowerShell auf dieser Seite: *https://code.visualstudio.com/docs/languages/powershell*

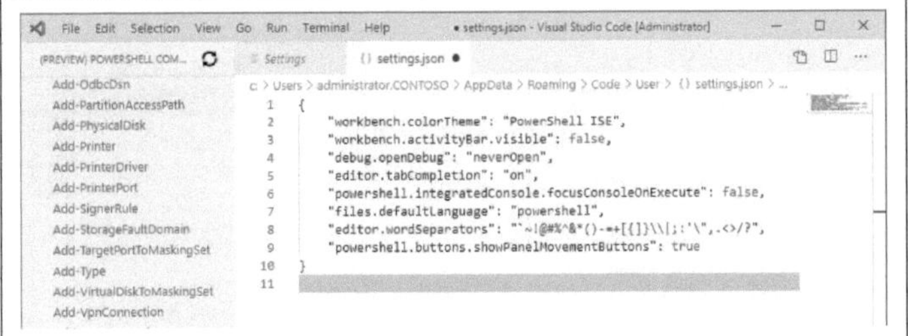

Abbildung 3-3: VSCode: Die Konfigurationsdatei »settings.json«

Alternativ zur manuellen Installation können Sie VSCode auch per Installationsskript installieren.

```
# Download des Installationsskripts
Install-Script -name 'Install-VSCode'

# Installation
Install-VSCode.ps1 -BuildEdition 'Stable-System'
```

Unter macOS führt der komfortable Weg erneut über `brew`.

```
brew cask install visual-studio-code
```

Installation des Windows Terminal

Die PowerShell nutzt unter Windows im Standard den traditionellen *Console Host* (*conhost.exe*), den Sie auch von der *Eingabeaufforderung* (*cmd.exe*) kennen. Perspektivisch sollen die Konsolenapplikationen unter Windows ein leistungsfähigeres Frontend erhalten: das Windows Terminal.

Die Software erhalten Sie im Windows Store, siehe Abbildung 3-4.

Installationen aus dem Windows Store haben den eklatanten Nachteil, dass sie grundsätzlich im Benutzerkontext erfolgen. Ein anderer Benutzer muss das Terminal, wie jede andere Anwendung aus dem Store, erneut installieren.

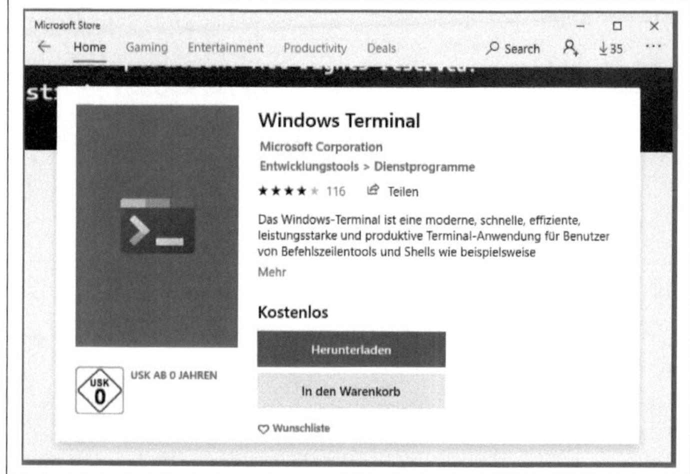

Abbildung 3-4: Die Applikation Windows Terminal im Windows Store

Sie können dieses Problem umgehen, indem Sie das Paket außerhalb des Stores herunterladen und anschließend mittels PowerShell für alle Anwender bereitstellen. Alternativ können Sie das *MSIX-Bundle* (ein relativ neues Dateiformat zur Verteilung von Applikationen) nach dem Download auch mittels Doppelklick für den aktuellen Benutzer installieren. Schauen Sie in das Skriptrepository zu diesem Buch für weiterführende Beispiele.

```
# Download-URI ermitteln
$latest = 'https://api.github.com/repos/microsoft/
  terminal/releases/latest'

$uri = (Invoke-RestMethod -UseBasicParsing -Uri
  $latest).assets.browser_download_url[0]

# Herunterladen des MSIXBundle
Invoke-WebRequest -UseBasicParsing -Uri $uri
  -OutFile $uri.Split('/')[-1]

# Installation des Pakets für alle Benutzer
Add-AppxProvisionedPackage -SkipLicense -Online
  -PackagePath $uri.Split('/')[-1]
```

KAPITEL 4

Das Hilfesystem

Die PowerShell bietet ein mächtiges, aber etwas tückisches Hilfesystem. Gesetzt den Fall, Sie suchen einfach nur nach einem Cmdlet für eine bestimmte Aufgabe, dann können Sie zunächst das bereits bekannte `Get-Command` verwenden. Beachten Sie, dass `Get-Command` nicht nur Cmdlets sucht und findet, sondern ebenso Applikationen (*ipconfig.exe*, *ping.exe* ...), einfache Funktionen (`help`, `pause` ...) und Skripte, die im Suchpfad liegen. Mit den Parametern `-verb` und `-noun` beschränken Sie auf einfache Weise Ihre Suche auf Cmdlets, sollte dies erforderlich sein. Besonders deutlich wird dies, wenn man unter Windows nach dem Begriff `ipconfig` sucht.

```
Get-Command -Noun *ipconfig*
Get-Command -Name *ipconfig*
```

Weitergehende Hilfestellung und Beispiele erhalten Sie mittels `Get-Help`, was im ersten Versuch, zu sehen in Abbildung 4-1, zunächst fehlschlägt.

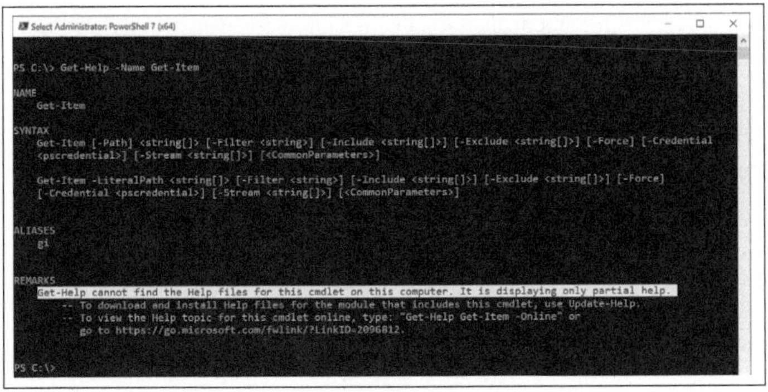

```
PS C:\> Get-Help -Name Get-Item

NAME
    Get-Item

SYNTAX
    Get-Item [-Path] <string[]> [-Filter <string>] [-Include <string[]>] [-Exclude <string[]>] [-Force] [-Credential
    <pscredential>] [-Stream <string[]>] [<CommonParameters>]

    Get-Item -LiteralPath <string[]> [-Filter <string>] [-Include <string[]>] [-Exclude <string[]>] [-Force]
    [-Credential <pscredential>] [-Stream <string[]>] [<CommonParameters>]

ALIASES
    gi

REMARKS
    Get-Help cannot find the Help files for this cmdlet on this computer. It is displaying only partial help.
        -- To download and install Help files for the module that includes this cmdlet, use Update-Help.
        -- To view the Help topic for this cmdlet online, type: "Get-Help Get-Item -Online" or
           go to https://go.microsoft.com/fwlink/?LinkID=2096812.

PS C:\>
```

Abbildung 4-1: Hilfedateien können nicht gefunden werden.

Get-Help erfordert den initialen Download der Hilfedateien. Seit Version 3 der PowerShell sind die erforderlichen Dateien kein integrierter Bestandteil der Shell mehr. Des Weiteren finden Sie lokalisierte Hilfedateien bestenfalls in Ausnahmefällen, sodass Sie gut daran tun, mittels Update-Help explizit die englischen Hilfen anzufordern.

```
# Aktualisieren der Hilfe für den aktuellen Benutzer
Update-Help -UICulture en-US

# Aktualisieren der Hilfe für alle Benutzer
Update-Help -UICulture en-US -Scope AllUsers

# Ignorieren des 24h-Limits
Update-Help -UICulture en-US -Scope AllUsers -force
```

Für einige wenige Cmdlets fehlen immer mal wieder Hilfedateien, da das zuständige Team die Hilfen noch nicht fertiggestellt hat. Diese Warnmeldungen dürfen Sie getrost ignorieren.

Mit PowerShell 6.1 wurde der Parameter -Scope eingeführt und auf CurrentUser voreingestellt, sodass Sie die Hilfe als Benutzer ohne administrative Privilegien aktualisieren können. Allerdings ist diese Aktualisierung unvollständig, sie umfasst keine Cmdlets, die zu Modulen in Systemverzeichnissen (zum Beispiel *$PSHOME\Modules*) gehören. Es ist ratsam, die PowerShell mit *Run as administrator* aufzurufen und die Hilfen systemweit zu aktualisieren.

Eine weitere Voreinstellung verhindert, dass Sie die Hilfe innerhalb eines Tages mehrfach aktualisieren. Diese 24-Stunden-Begrenzung lässt sich mittels -force überschreiben.

Sollten einige Rechner über keinen (direkten) Internetzugang verfügen, können Sie die Hilfen stellvertretend auf einem System mit Internetzugang aktualisieren und von dort aus in einer Netzwerkfreigabe bereitstellen.

```
# Bereitstellen der Hilfe
Save-Help -DestinationPath '\\sv1\public\pshelp'

# Aktualisieren der Hilfe mithilfe einer Freigabe
Update-Help -UICulture en-US -Scope AllUsers
  -SourcePath '\\sv1\public\pshelp'
```

Vorsicht, Falle!

PowerShell 6+ und Windows PowerShell 1 bis 5 verfügen prinzipiell über ein jeweils eigenes Hilfesystem. Da die PowerShell 7 mithilfe einer Kompatibilitätsschicht auch auf Cmdlets zugreifen kann, die eigentlich Windows-PowerShell-spezifisch sind, sind die Hilfedateien für solche Cmdlets verfügbar, wenn zuvor die Windows-PowerShell-Hilfen aktualisiert wurden.

Nachdem die Hilfen erfolgreich aktualisiert wurden, sollte nun endlich der Aufruf der Hilfe erfolgreich sein. Wir betrachten zunächst beispielhaft das Cmdlet `Get-Item`, das Ihnen auf allen unterstützten Plattformen zur Verfügung steht.

```
Get-Help -Name Get-Item
```

`Get-Help` sucht mit dem Parameter `-Name` nach Stichwörtern in den Hilfetexten. Liefert die Suche genau einen Treffer zurück, wird unmittelbar der entsprechende Hilfeeintrag angezeigt, andernfalls listet die Hilfe die relevanten Hilfedateien auf, siehe Abbildung 4-2.

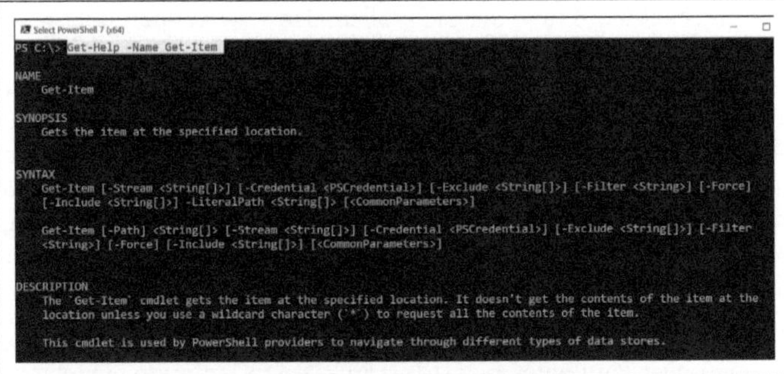

Abbildung 4-2: Ausschnitt aus der Hilfe zu Get-Item

Die Hilfe beschränkt sich zunächst auf einige grundlegende Informationen, die weitgehend selbsterklärend sind. Einzig die SYNTAX erfordert eine etwas eingehendere Betrachtung. Diese liefert eine Übersicht über mögliche Parameter wie zum Beispiel `-Stream`. Darüber hinaus zeigt sie an, welcher Datentyp übergeben werden kann – ein

String/eine Zeichenfolge im Fall dieses ersten Parameters. Die eckigen Klammern weisen darauf hin, dass der Parameter optional ist – aber Vorsicht: nur wenn Parameter und Datentyp gemeinsam in eckige Klammern eingefasst sind!

Ihnen wird auffallen, dass der Abschnitt `SYNTAX` sich zu wiederholen scheint: Zweimal ist `Get-Item` mit einer Reihe von Parametern aufgeführt. Die meisten Parameter sind identisch, nur `-LiteralPath` und `-Path` sind einzigartig. An dieser sich wiederholenden Auflistung erkennt man sogenannte *Parameter Sets* (Parametersätze). Parameter können nur dann miteinander kombiniert werden, wenn sie Teil desselben Parametersatzes sind.

```
# Parameter Set "Path"
Get-Item -Path ~ -Force

# Parameter Set "LiteralPath"
Get-Item -LiteralPath ~ -Force
```

Parametersätze nutzt man im Wesentlichen immer dann, wenn Sie sich gegenseitig ausschließende, aber verwandte Funktionen in einem Befehl zusammenfassen wollen. Im Beispiel oben müssen Sie sich entscheiden: Entweder Sie wollen `-Path` verwenden oder aber `-LiteralPath`, beides gleichzeitig ist nicht möglich. Auch hier kann man wieder eine ganz simple Analogie bemühen: Sie haben sicher schon mal einen Maulschlüssel verwendet. In aller Regel haben Maulschlüssel an den entgegengesetzten Enden unterschiedlich große Schlüssel, zum Beispiel 14 und 15 mm. Sehr praktisch, denn mit einem Stück Metall erhalten Sie de facto zwei verschiedene Werkzeuge – aber mit einer Einschränkung: Sie können immer nur ein Werkzeug *gleichzeitig* benutzen.

Wir können weitere, sehr praxisrelevante Details der Syntax entnehmen. Der Parameter `[-Path]` ist in eckige Klammern eingefasst, nicht aber der Datenwert `<String[]>`. Dies zeigt Ihnen an, dass Sie `-Path` nicht explizit hinschreiben müssen, Sie übergeben die Datenwerte *positional*. Stattdessen können Sie unmittelbar den Suchpfad angeben. Und falls Sie sich nun noch fragen, warum irritierenderweise auch hinter dem Datentyp String eckige Klammern zu finden sind: Dies deutet darauf hin, dass Sie mehrere Zeichenketten (als Array) übergeben können.

```
# Der Parameter "-Path": positional
Get-Item -Path 'install-powershell.ps1'
Get-Item 'install-powershell.ps1'

# "-Path" akzeptiert mehrere Pfadangaben (Array)
Get-Item -Path 'install-powershell.ps1','install-vscode.ps1'
Get-Item 'install-powershell.ps1','install-vscode.ps1'
```

Bislang haben wir uns auf die Standardausgabe des Hilfe-Cmdlets beschränkt, wir können aber noch viel weitreichendere Informationen anfordern.

```
Get-Help -Name 'Get-Item' -Detailed
Get-Help -Name 'Get-Item' -Full
Get-Help -Name 'Get-Item' -Parameter 'path'
Get-Help -Name 'Get-Item' -Examples
Get-Help -Name 'Get-Item' -Online

# Seitenweise Ausgabe
Get-Help -Name 'Get-Item' -Full | more
help -Name 'Get-Item'
help 'Get-Item'
```

Den höchsten Informationsgrad bieten die Parameter `-Full` und `-Online`, die sowohl Details zu den Parametern als auch Beispiele enthalten. Selbstverständlich können Sie die Hilfen grundsätzlich über die Webseiten lesen. Dies befreit Sie dann unter Umständen sogar vom initialen Herunterladen der Hilfedateien. Dummerweise ist aber der Parameter `-Online` auf ein URI angewiesen, der selbst Teil der Hilfe ist. Des Weiteren mögen Sie vereinzelt auf Cmdlets treffen, die keine Hilfeseite (im Web) anbieten, sodass sich die Aktualisierung der Hilfe auf Ihrem Entwicklungs-PC in jedem Fall lohnt.

Von Zeit zu Zeit mag es übersichtlicher sein, sich auf Teilinformationen zu beschränken.

Der Abruf detaillierter Informationen zu dem Parameter `-path` zeigt Ihnen an, dass der Parameter nicht explizit hingeschrieben werden muss, stattdessen können Sie den Wert, also den Suchpfad, an `Position 0` (als ersten Wert) übergeben, siehe Abbildung 4-3. Dies hatten wir zwar bereits aus der Syntax herausgelesen, hier ist die Information aber wesentlich leichter zu erkennen. Darüber hinaus lernen Sie, dass Sie den oder die Suchpfade über die Pipeline übergeben können (`Accept pipeline input?`) und dass *Wildcards*/Jokerzeichen erlaubt sind. Weitere Informationen zum Pipelining finden Sie in Kapitel 8, *Pipelining*.

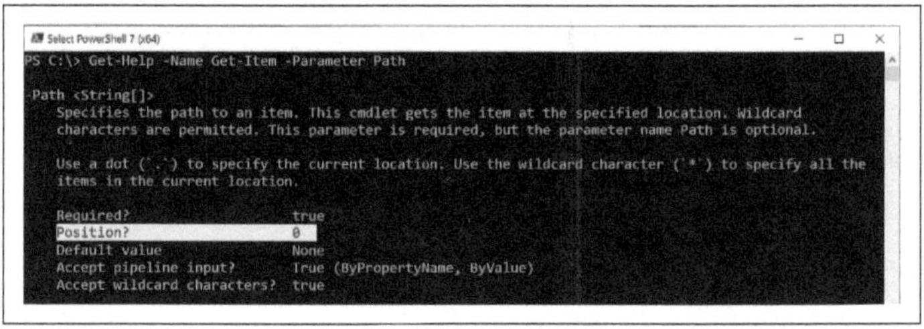

```
Select PowerShell 7 (x64)
PS C:\> Get-Help -Name Get-Item -Parameter Path

-Path <String[]>
    Specifies the path to an item. This cmdlet gets the item at the specified location. Wildcard
    characters are permitted. This parameter is required, but the parameter name Path is optional.

    Use a dot (`.`) to specify the current location. Use the wildcard character (`*`) to specify all the
    items in the current location.

    Required?                    true
    Position?                    0
    Default value                None
    Accept pipeline input?       True (ByPropertyName, ByValue)
    Accept wildcard characters?  true
```

Abbildung 4-3: Detailinformationen zu einem Parameter abrufen

In der Praxis genügt es oftmals, sich ausschließlich die Beispiele ausgeben zu lassen.

```
Get-Help -name Get-Item -examples
```

Der Befehl `help` stellt eine interessante Abkürzung dar: `help` ist eine Funktion (Sie können sich also den Quelltext jederzeit selbst anschauen), die im Kern nicht viel anderes tun soll, als die vollständige Hilfe (`-Full`) an einen Pager-Befehl weiterzuleiten, der das seitenweise Umblättern ermöglicht. Unter Windows wird dies *more.com* sein, unter Linux/macOS typischerweise *less*. So ersparen Sie sich Tipparbeit!

Nach all diesen (wichtigen) Details fragen Sie sich möglicherweise schon die ganze Zeit: Was ist denn eigentlich der Unterschied zwischen `Get-Item -Path` und `Get-Item -LiteralPath`. Mit der Antwort auf diese Frage möchte ich den Abschnitt zum Hilfesystem beenden.

In der PowerShell begegnen Ihnen immer wieder Sonderzeichen, die Sie zur Mustererkennung verwenden können. Zwei Anwendungsfälle werden Ihnen häufig begegnen:

- einfache Jokerzeichen/Wildcards
- reguläre Ausdrücke

Zur Mustererkennung erlaubt `Get-Item -Path` die Verwendung der einfachen Jokerzeichen/Wildcards: `,?,[]`

Der * repräsentiert beliebig viele Zeichen, das ? genau ein Zeichen, und die [ ] erlauben Ihnen, einen Wertebereich vorzugeben.

```
# Alle PS1-Dateien
Get-Item -Path '*.ps1'

# Alle PS1-Dateien mit exakt drei Zeichen vor dem Punkt
Get-Item -Path '???.ps1'

# Alle PS1-Dateien, die mit A oder B oder C beginnen
# (unter Missachtung der Groß/Kleinschreibung)
Get-Item -Path '[abc]*.ps1'
Get-Item -Path '[a-c]*.ps1'
```

Angenommen, ein Anwender verwendet diese Sonderzeichen zur Benennung einer Datei. Zumindest im Fall der eckigen Klammern ist das ohne Weiteres erlaubt, auch im Windows-Explorer.

```
# Eine problematische Testdatei erzeugen.
New-Item -ItemType File -Path 'Präsentation [23.5.].pptx'

# Dies wird die soeben erzeugte Datei nicht auflisten.
Get-Item -Path 'Präsentation [23.5.].pptx'

# Diese Varianten sind erfolgreich.
Get-Item -LiteralPath 'Präsentation [23.5.].pptx'
Get-Item -Path 'Präsentation `[23.5.`].pptx'
```

Der Parameter `-LiteralPath` interpretiert Ihre Zeichenkette nicht, er nimmt auch Sonderzeichen als bedeutungslose Zeichen entgegen. Alternativ müssten Sie sich die Mühe machen, jedes Sonderzeichen mithilfe des Graviszeichens (Backtick) zu entwerten.

Sogenannte *reguläre Ausdrücke* führen das Prinzip der Jokerzeichen auf einer höheren Ebene fort. Mehr über reguläre Ausdrücke erfahren Sie in Kapitel 13, *Reguläre Ausdrücke*.

Themen, die weit mehr als ein einzelnes Cmdlet umfassen, finden sich in den sogenannten `about`-Hilfen.

```
Get-Help -Name about*
Get-Help -Name about_Wildcards
help about_regular_Expressions
```

Behalten Sie zwei Dinge im Hinterkopf: Obgleich es einen anderen Anschein erweckt, sucht `Get-Help` nicht nach Cmdlet-Namen. Da aber so gut wie alle Cmdlets ein eigenes Hilfedokument anbieten, führt die Suche nach einem Cmdlet-Namen in der Regel zum Ziel. Beschränken Sie sich jedoch nicht in Ihren Möglichkeiten. Nehmen wir an, Sie suchten nach einem Cmdlet, das dem Ping-Befehl ähnelt, diesen aber verbessert. `Get-Help -name ping` wird Sie nicht zum Ziel führen; versuchen Sie doch einmal `Get-Help -name icmp`.

Wir haben nun vergleichsweise detailliert auf die Hilfefunktion geschaut. Aus gutem Grund. Nach der Erfahrung des Autors sind es gerade die auf den ersten Blick unscheinbaren, vermeintlich unwichtigen Details, die im Alltag den Unterschied ausmachen – den Unterschied zwischen »schnell zum Ziel gelangen« und »stundenlanger ergebnisloser Websuche«.

KAPITEL 5

Die Grundlagen der PowerShell

In Kapitel 2, *Hallo PowerShell!*, haben Sie zu Beginn bereits einen komprimierten Eindruck von den zentralen Konzepten der PowerShell erhalten. Lassen Sie uns im Folgenden die einzelnen Bausteine der Sprache etwas näher betrachten.

Cmdlets und Aliasse

Die PowerShell kennt eine ganze Reihe von ausführbaren Befehlen, die Sie mit dem Befehl `Get-Command` (alias `gcm`) untersuchen können: *Cmdlets* (`Get-Process`), *Aliasse* (`gps`), einfache *Funktionen* (`help`), externe Programme/*Native Commands* (`ping`, unter Windows: *ping.exe*) und *Skripte*.

Auffälligstes Merkmal der PowerShell sind die Cmdlets, denen eine Reihe von vordefinierten Pseudonymen/Aliassen zur Seite steht. Aufgrund der Namenskonvention und den komplexen Möglichkeiten der Verkettung verschiedener Befehle werden PowerShell-Anweisungen schnell recht lang. Die Groß-/Kleinschreibung spielt hierbei keine Rolle, sodass man die Fallunterscheidung zugunsten der Lesbarkeit kreativ einsetzen kann. Es ist aber Vorsicht geboten: In einigen Anwendungsbereichen unterscheidet die PowerShell sehr wohl den Fall. Mehr erfahren Sie in den Abschnitten »Vergleichsoperatoren« auf Seite 58, »Text modifizieren« auf Seite 129 und dem Kapitel 13, *Reguläre Ausdrücke*.

Mithilfe von Aliassen und einigen weiteren Tricks lassen sich komplexe Befehle stark komprimiert darstellen.

```
# Beispiel 1
Set-Location -Path $PSHOME
cd $PSHOME

# Beispiel 2
Get-ChildItem -Path $home -file -Recurse
dir $home -file -r

# Beispiel 3
Invoke-RestMethod -Uri 'http://ipinfo.io/188.40.159.226/json'
irm 'http://ipinfo.io/188.40.159.226/json'
```

Alle Beispiele oben folgen demselben Prinzip: Die dort verwendeten Cmdlets haben vordefinierte Aliasse.

- `Set-Location` alias `cd` (auch: `chdir`, `sl`)
- `Get-ChildItem` alias `dir` (auch `gci`, in Windows: `ls`)
- `Invoke-RestMethod` alias `irm`

Darüber hinaus können Sie in vielen Fällen darauf verzichten, einen Parameter explizit zu benennen. `Set-Location` erwartetet eine Pfadangabe, funktioniert aber auch dann tadellos, wenn Sie auf die Benennung des entsprechenden Parameters `-path` verzichten. Des Weiteren müssen Sie Parameter nicht zwingend vollständig hinschreiben. Es genügt in jedem Fall, so viele Buchstaben zu verwenden, dass der Parameter eindeutig erkannt wird. Im zweiten Beispiel oben nutzen wir dies für den Parameter `-recurse`, ein einzelner Buchstabe reicht aus, da es keinen zweiten Parameter gibt, der ebenfalls mit »r« beginnt.

Optionale Parameter

Welche Parameter man explizit benennen muss und welche man einfach weglassen kann, lässt sich im Alltag oftmals einfach ausprobieren. Fast immer können jene Parameter weggelassen werden, die am häufigsten genutzt werden. Dies ist kein Zufall, die Entwickler haben das absichtsvoll so implementiert.

Wenn Sie weder raten noch ausprobieren wollen, schauen Sie in die Hilfe, die SYNTAX zeigt es Ihnen an. Die Details werden in Kapitel 4, *Das Hilfesystem*, erklärt.

Welche Pseudonyme/Aliasse es bereits gibt und wie Sie selbst eigene erstellen, erfahren Sie mithilfe der *-Alias-Cmdlets.

```
# Aliasse finden
Get-Alias
Get-Alias -Name *dir*
Get-Alias -Definition Get-ChildItem

# Einen neuen Alias definieren
New-Alias -Name up -Value Get-Uptime
```

Die vordefinierten Aliasse unterscheiden sich von Betriebssystem zu Betriebssystem. Unter Windows finden Sie zahlreiche Aliasse, die klassische Unix-Befehle imitieren: `ls`, `cp`, `rm`, `man`, `ps`, `sort`, `cat` etc. Diese Aliasse sind unter Linux/macOS nicht vordefiniert, da dies zur Folge hätte, dass die PowerShell-Pseudonyme Vorrang hätten vor den nativen Programmen des Betriebssystems. Welche Anweisung im Konfliktfall Vorrang hat können Sie der PowerShell-Hilfe entnehmen: `help about_Command_Precedence`[1].

Es wird deutlich, dass Sie zugunsten der Lesbarkeit und Interoperabilität auf Aliasse verzichten sollten. Wenn Sie später im Team an komplexen Skripten arbeiten, gilt dies umso mehr.

Allerdings entwickelt die verkürzte Schreibweise eine enorme Anziehungskraft, wenn Sie im Alltag an der Konsole oder im Terminal den berühmten magischen Einzeiler eintippen und dabei verschiedene Cmdlets miteinander interagieren lassen.

```
# Beispiel 1
Get-Process | Sort-Object -Property CPU -Descending |
  Select-Object -First 10
gps | Sort-Object CPU -d | select -f 10
gps | sort CPU -d | select -f 10 # nur unter Windows

# Beispiel 2
Get-ChildItem -Force -Recurse |
  Format-Table -Property Length, Fullname -AutoSize
gci -fo -r | ft Length, Fullname -a
```

1 Vor der ersten Verwendung müssen Sie die Hilfedateien herunterladen. Mehr dazu finden Sie in Kapitel 4, *Das Hilfesystem*.

```
# Beispiel 3
Get-ChildItem -path $home\*.mp3 -recurse |
  Measure-Object -Property Length -AllStats
 dir $home\*.mp3 -r | measure length -al
```

Vermeintliche Pseudonyme

Bei intensiver Beschäftigung mit der PowerShell werden Sie verkürzte Befehle finden, die man auf den ersten Blick für Aliasse halten wird: `timezone`, `verb`, `childitem`, `random` ...

Wenn Sie diese Befehle mit `Get-Command` untersuchen, werden Sie wider Erwarten nicht fündig:

```
Get-Command -Name timezone, verb,
  childitem, random
```

Hinter diesen Befehlen steckt ein ebenso einfacher wie perfider Mechanismus: Geben Sie in der PowerShell einen unbekannten Befehl ein, prüft die PowerShell, ob ein Cmdlet existiert, das mit dem Verb `Get` beginnt und dem von Ihnen eingetippten Befehl im Nomen gleicht. Auf diese Weise können Sie zahlreiche Befehle verwenden, die im Grunde genommen undokumentiert sind. Leider existieren auch hier wieder Unterschiede zwischen den unterstützten Betriebssystemen. Unixoide Betriebssysteme kennen in der Regel die externen Programme `uptime` und `date`, die unter Windows lediglich `Get-Uptime` und `Get-Date` repräsentieren.

Make each program do one thing well

1978 formulierte Doug McIlroy diesen Leitspruch mit Blick auf die populärer werdenden Unix-Systeme. Cmdlets greifen dieses Prinzip auf und heben es im Grunde genommen auf eine höhere Ebene: In der PowerShell werden Sie in den seltensten Fällen ein einzelnes Cmdlet verwenden, um eine Aufgabe zu bewältigen. Schon bei unscheinbaren Tätigkeiten kombinieren Sie typischerweise mehrere Cmdlets zu einer Anweisung.

Aus diesem Ansatz ergibt sich eine manchmal schon inflationär anmutende Anzahl an Cmdlets. Wo man klassischerweise Parameter verwendet, um artverwandte Befehle auszuführen, benötigen Sie in der PowerShell jeweils eigene Cmdlets.

```
# Linux, beliebige Shell
service --status-all
service cups status
service cups start
service cups stop
service cups restart

# Windows, beliebige Shell
sc.exe query
sc.exe query Spooler
sc.exe start Spooler
sc.exe stop Spooler
sc.exe stop Spooler && sc.exe start Spooler

# Windows, PowerShell
Get-Service
Get-Service -Name Spooler
Start-Service -Name Spooler
Stop-Service -Name Spooler
Restart-Service -Name Spooler
Get-Service -Name Spooler | Restart-Service
```

Ein einzelnes Cmdlet ist somit weniger als ein *Programm* im Sinne von Doug McIlroy zu verstehen. Cmdlets sind Bausteine, sie geben Ihnen alle Freiheiten, eigene maßgeschneiderte Lösungen zu entwickeln. Dieser Ansatz hätte wenig praktischen Nutzen, wenn Cmdlets nicht zu gleicher Zeit für die Ein- und Ausgabe typisierter Datenstrukturen entwickelt worden wären.

PowerShell 7 umfasst im engeren Sinne weniger als 300 Cmdlets. Wundern Sie sich aber nicht, falls Sie auf Ihrem Computer deutlich mehr Treffer erzielen. Die Umgebungsvariable `$env:PSModulePath` definiert all jene Ordner, die nach PowerShell-Modulen und damit nach Cmdlets durchsucht werden. So finden Sie unter Windows eine sehr große Anzahl an Modulen und Cmdlets, die zum Windows-Betriebssystem dazugehören und primär für die Windows PowerShell entwickelt wurden. Unter Linux und macOS sind diese Module nicht verfügbar und die unmittelbar zur Verfügung stehenden Befehle von deutlich geringer Zahl.

Mehr zur Kompatibilität zwischen PowerShell 7 und Windows PowerShell erfahren Sie in Kapitel 20, *Neuerungen in PowerShell 7*.

Wie Sie den Funktionsumfang der PowerShell um neue Befehle erweitern, lesen Sie in Kapitel 10, *Den Funktionsumfang der PowerShell erweitern*. Mehr zu Umgebungsvariablen wie `$env:PSModulePath` gibt es im Abschnitt »Umgebungsvariablen« auf Seite 44.

Objektorientierung

Kommandozeilenwerkzeuge orientieren sich traditionell an der Verarbeitung von Text. Sie nehmen Befehle in Textform entgegen, und sie geben Text aus, um Fortschritt und Ergebnisse anzuzeigen. In der Unix-Welt hat sich hieraus eine Kultur der Textinterpretation und -manipulation entwickelt, aus der mächtige – aber gerade für den Einsteiger schwer zu verwendende – Anwendungen (grep, awk, sed etc.) und Kulturtechniken wie *reguläre Ausdrücke* entstanden sind. Textausgaben, wie sie *ipconfig.exe*, *ifconfig* oder *ip* erzeugen, bestehen zwar aus vielen Einzelinformationen, die unser Gehirn gelernt hat zu interpretieren, die jedoch nicht unmittelbar maschinenlesbar sind.

Die Werkzeuge der PowerShell basieren maßgeblich auf dem Fundament des .NET Framework. Cmdlets verarbeiten typisierte Objekte (sowohl in der Eingabe als auch in der Ausgabe). Diese Datenstrukturen sind maschinenlesbar, sie trennen zwischen Daten und Metadaten. Ein Schema definiert, welche Elemente (Eigenschaften, Methoden etc.) ein bestimmter Datentyp aufweisen kann. Stellen Sie sich eine Tabelle vor, in der jede Spaltenüberschrift Auskunft über die darunterliegenden Spalten und Zelleninhalte gibt. Stellen Sie sich darüber hinaus vor, dass Sie den Typ der Daten innerhalb einer Zelle vordefinieren: Jene Spalte besteht aus Text, eine andere Spalte aus Geldbeträgen. In jeder modernen Tabellenkalkulation können Sie nun mit zwei Klicks die Summe aller Geldbeträge berechnen lassen. Sie müssen nicht selber rechnen!

Das oben genannte Schema ist vergleichbar einem Vorlagendokument, in dem Sie bereits alle möglichen Auszeichnungen vorgenommen, aber noch keine Daten in den Zellen hinterlegt sind. Sie können beliebig viele Dokumente auf Grundlage dieser Vorlage *instanziieren*, der Inhalt ändert sich, die Form bleibt gleich.

In Kapitel 2, *Hallo PowerShell!*, habe ich Ihnen bereits eine Reihe von Beispielen gezeigt. Lassen Sie uns daran anknüpfen und noch etwas genauer hinschauen.

```
# Ein System.TimeSpan-Objekt
Get-Member -InputObject (Get-Uptime)
Select-Object -InputObject (Get-Uptime) -Property Days,
  Hours, Minutes
```

Die Datentypen der PowerShell entstammen in vielen Fällen dem .NET Framework. Schon die primitiven Datentypen (Boolean, Int32, Char etc.) weisen Eigenschaften und Methoden auf. Im Beispiel oben verwenden wir eine solche Datenstruktur/eine Klasse namens `TimeSpan` im Namensraum[2] `System`: *https://docs.microsoft.com/en-us/dotnet/api/system.timespan*

Wenn Sie `Get-Uptime` ausführen, gibt Ihnen die PowerShell eine Instanz der Klasse `TimeSpan` zurück, am Bildschirm erscheint standardmäßig eine formatierte Repräsentation dieser Datenstruktur. Nun mag es sein, dass Sie die Standardausgabe des Befehls `Get-Uptime` nicht sonderlich ansprechend finden. Sie können Ihre eigene Ausgabe definieren und, wie im Beispiel oben zu sehen ist, die Ausgabe auf Tage, Stunden und Minuten beschränken. Von entscheidender Bedeutung ist, dass Sie keine Textmanipulation vornehmen müssen, um das Ziel zu erreichen.

Die Objektorientierung ist ein allgemeines Prinzip in der PowerShell, sie ist nicht auf das .NET Framework beschränkt, wie Ihnen die nachfolgenden Beispiele zeigen.

```
# Abfrage der öffentlichen IP
Invoke-RestMethod -Uri 'ipinfo.io/json'

Get-Member -InputObject
  (Invoke-RestMethod -Uri 'ipinfo.io/json')

Select-Object -InputObject
  (Invoke-RestMethod -Uri 'ipinfo.io/json') -Property city, ip
```

2 Namensräume dienen der Organisation von (großen) Softwareprojekten. Sie stellen eine hierarchische Organisationsform dar, ähnlich Ordnern im Dateisystem.

```
# DNS-Abfrage (nur Windows)
Resolve-DnsName -Name 'oreilly.de'

Get-Member -InputObject
  (Resolve-DnsName -Name 'oreilly.de')

Select-Object -InputObject
  (Resolve-DnsName -Name 'oreilly.de')
    -ExpandProperty IPAddress

# Abfragen des/der Standard-Gateway(s) (nur Windows)
Get-NetRoute -DestinationPrefix '0.0.0.0/0'

Get-Member -InputObject
  (Get-NetRoute -DestinationPrefix '0.0.0.0/0')

Select-Object -InputObject
  (Get-NetRoute -DestinationPrefix '0.0.0.0/0')
    -ExpandProperty NextHop
```

ipinfo.io bietet einen Webservice, der Aufschluss über die eigene öffentliche IP geben kann. Diese Daten werden in strukturierter Form, hier im JSON-Format, übermittelt. `Invoke-Restmethod` konvertiert die bereits strukturierten Daten automatisch zu PowerShell-Objekten (genauer zu einem `PSCustomObject`), das wir auf die gewohnte Weise weiterverarbeiten können. Analog können Sie mit CSV, XML und vielen anderen Formaten verfahren, die zwischen Daten und Metadaten trennen.

`Resolve-DNSName` definiert eine Struktur namens *Microsoft.DnsClient.Commands.DnsRecord_A*. `Get-NetRoute` fragt eine WMI-Klasse ab und gibt `ROOT/StandardCimv2/MSFT_NetRoute`-Objekte zurück. In diesen beiden Fällen verwende ich den Parameter `-ExpandProperty`, um den reinen Datenwert auszugeben.

Ich habe bei allen Beispielen in diesem Abschnitt bewusst auf das Pipelining verzichtet. Ihnen wird aufgefallen sein, dass die Lesbarkeit/Verständlichkeit darunter etwas leiden kann. Das Pipelining ist in besonderer Weise geeignet, die innere Logik dieser Befehlsfolgen zu repräsentieren, wie Sie in den folgenden Abschnitten sehen werden.

Provider

In der PowerShell stellen Ihnen Provider in abstrahierter Form den Zugriff auf unterschiedlichste Datenstrukturen sicher. Mit dem Cmdlet `Get-PSProvider` bekommen Sie eine Liste der installierten Provider.

```
# Ausgabe des Cmdlets Get-PSProvider in PowerShell 7
# unter Windows 10
Name        Capabilities                       Drives
----        ------------                       ------
Registry    ShouldProcess                      {HKLM, HKCU}
Alias       ShouldProcess                      {Alias}
Environment ShouldProcess                      {Env}
FileSystem  Filter, ShouldProcess, Credentials {C, Temp, D}
Function    ShouldProcess                      {Function}
Variable    ShouldProcess                      {Variable}
Certificate ShouldProcess                      {Cert}
WSMan       Credentials                        {WSMan}
```

Die Ausgabe variiert in Abhängigkeit vom Betriebssystem und der installierten Software auf Ihrem Rechner. Alle Provider haben ein gemeinsames Navigationsparadigma. Es beginnt damit, dass Sie über die Provider Laufwerke verbinden und mit dem aus dem Dateisystem bekannten Befehl `Set-Location` (alias `cd`) auf das jeweilige Laufwerk wechseln können. Vergessen Sie dabei bitte den Doppelpunkt nicht. Den Namen des Laufwerks können Sie der Spalte*Drives* in der obigen Tabelle entnehmen, mithilfe des Cmdlets `Get-PSDrive` erhalten Sie eine ausführliche Liste.

Einige Provider sind hierarchisch organisiert (FileSystem, Registry, Certificate, WSMan), sodass Sie mit dem Befehl `Set-Location` in gewohnter Weise zwischen den einzelnen Ebenen vor- und zurücknavigieren können. Sie können mit dem Cmdlet `New-PSDrive` weitere Laufwerke unter Angabe des zukünftigen Namens, des Providers sowie der zu verwendenden Wurzel einbinden. Das anzugebende Verzeichnis für die Wurzel (Root) muss bereits existieren.

```
# Ein lokales Laufwerk erstellen
New-PsDrive -Name 'data' -PsProvider FileSystem
  -Root 'C:\data'
Set-Location -path 'data:'
```

```
# Eine Freigabe verbinden
New-PsDrive -Name 'z' -PsProvider FileSystem
  -Root '\\sv1\data' -Persist
```

Mit dem Parameter `-Persist` zum dauerhaften Verbinden eines Laufwerks (nur in Windows verfügbar) können Sie die Lücke zu `net use` schließen. Dieser Parameter funktioniert nicht im Zusammenspiel mit lokalen Dateipfaden.

Neben der Bereitstellung von Laufwerken und dem damit verbundenen Zugriff auf die enthaltenen Daten stellen die einzelnen Provider gegebenenfalls auch spezielle Cmdlets für die Arbeit mit genau diesen Daten bereit. Diese Cmdlets können dann nicht für die Arbeit mit anderen Datentypen, anderen Objekten, verwendet werden. Als ein Beispiel sei das Cmdlet `Get-PfxCertificate` genannt. Es kann nur zum Abruf von Informationen über PFX-Zertifikatsdateien genutzt werden. Im Dateisystem können Sie dieses Cmdlet nicht sinnvoll einsetzen.

Vorsicht, Falle!

Seit Windows 8/Windows Server 2012 können Sie alternativ das Cmdlet `New-SmbMapping` verwenden, das sich jedoch im Zusammenspiel mit dem Windows-Explorer als fehlerhaft erweist: Sie sehen erst nach einem Neustart des Explorer-Prozesses das neue Laufwerk. Probieren Sie es aus!

```
New-SmbMapping -LocalPath Z:
  -RemotePath '\\sv1\data' -persistent
Get-Process -name explorer | Stop-Process
```

Umgebungsvariablen

Betriebssystemweite Variablen, wie die Pfadvariable `PATH`, die unabhängig von der jeweils verwendeten Shell Aufschluss über die Suchpfade für Applikationen gibt, werden in der PowerShell mit einem virtuellen Laufwerk zur Verfügung gestellt. Analog zu »c:\« (Windows) oder »/« (Linux, macOS) finden sich unterhalb von »env:« diese betriebssystemspezifischen Variablen und Werte.

Wollen Sie die Umgebungsvariablen unmittelbar als Variablen in der PowerShell nutzen, können Sie das Präfix `$env:` verwenden.

```
# Das "Laufwerk" env:
Set-Location -path 'env:'
Get-ChildItem

# Das Präfix $env
$env:PATH
$env:PSModulePath
```

Einfache Formatierungen

In aller Regel erzeugen Ihre Anweisungen in der PowerShell eine sichtbare Textausgabe, die jedoch nur einen Teil der zur Verfügung stehenden Information repräsentiert. Sie kennen bereits das Cmdlet `Get-Item`: Es liefert Ihnen auf Wunsch unter anderem detaillierte Informationen zu Dateien. Die Ausgabe der Eigenschaften `Mode`, `LastWriteTime`, `Length` und `Name` ist im Grunde willkürlich, Sie können mit `Get-Member` und `Select-Object` jederzeit herausfinden, welche Eigenschaften vorhanden sind, und diese gezielt ausgeben lassen. Allerdings überlassen Sie die konkrete Form der Darstellung zunächst weiterhin der PowerShell.

```
# Standarddarstellung
Get-Item -Path 'helloworld.ps1'

# Auswahl der Eigenschaften mit Select-Object
Get-Item -Path 'helloworld.ps1' |
  Select-Object -Property Mode, CreationTime,
    LastWriteTime, Length, Name
```

Im Beispiel oben haben wir eine einzelne Eigenschaft ergänzt (`CreationTime`), in der Folge ändert sich aber auch die Darstellung von der Tabellenform zu einer Liste. Der simple Grund hierfür ist, dass Sie mit der gezielten Auswahl der Eigenschaften die Standardformatierung außer Kraft setzen; in diesem Fall wählt die PowerShell bei bis zu vier Eigenschaften automatisch eine Tabelle, ab der fünften Eigenschaft eine Liste. Sie haben jederzeit die Möglichkeit, Struktur, Darstellung und Ausgabemedium an Ihre Bedürfnisse anzupassen. Hierzu stehen Ihnen eine Reihe von Cmdlets zur Verfügung.

- Verb *Format*: Format-Custom, Format-Hex, Format-List, Format-Table, Format-Wide
- Verb *ConvertTo*: ConvertTo-Csv, ConvertTo-Html, ConvertTo-Json, ConvertTo-Xml
- Verb *Out*: Out-File, Out-Printer (nur Windows: Out-GridView)

```
# Beispiel 1
Get-Item -Path 'helloworld.ps1' |
  Select-Object -Property Mode, CreationTime,
    LastWriteTime, Length, Name | Format-Table -Autosize

# Beispiel 2
Get-Item -Path 'helloworld.ps1' | Format-Table -Property Mode,
  CreationTime, LastWriteTime, Length, Name -Autosize

# Beispiel 3
Get-Item -Path 'helloworld.ps1' |
  Format-List -Property CreationTime, FullName

# Beispiel 4
Get-Item -Path '*.ps1' | Format-Wide -Property FullName
```

An den Beispielen 1 und 2 erkennen Sie, dass das Cmdlet Format-Table das Cmdlet Select-Object in manchen Fällen ersetzen kann. Allerdings sollte ein Format-Cmdlet immer am Ende der Pipeline stehen. Dies wird deutlich, wenn Sie die Daten in ein anderes Format konvertieren oder ein alternatives Ausgabemedium nutzen wollen.

```
# Ausgabe im JSON-Format
Get-Item -Path '*.ps1'| Select-Object -Property Mode,
  CreationTime, LastWriteTime, Length, Name |
    ConvertTo-Json

# Ausgabe in einer grafischen Konsole (nur Windows)
Get-Item -Path '*.ps1'| Select-Object -Property Mode,
  CreationTime, LastWriteTime, Length, Name |
    Out-GridView

# Vorsicht, Falle: Dies erzeugt nicht das gewünschte Ergebnis!
Get-Item -Path '*.ps1'|
  Format-Table -Property Mode, CreationTime,
    LastWriteTime, Length, Name |
      ConvertTo-Json
```

```
# Vorsicht, Falle: Out-GridView nimmt keine
# Formatdaten entgegen (nur Windows)!
Get-Item -Path '*.ps1'| Format-Table -Property Mode,
  CreationTime, LastWriteTime, Length, Name |
    Out-GridView
```

Die gezeigten Beispiele lassen sich mit den Bordmitteln der PowerShell realisieren. Sie finden zahlreiche Erweiterungen für die unterschiedlichsten Anwendungsfälle in der PowerShell Gallery (siehe auch Kapitel 10, Den Funktionsumfang der PowerShell erweitern).

Zeichenfolgen: Strings

Wir haben Sie schon mehrfach benutzt: einfache Zeichenfolgen, auch *Literale* genannt. In der PowerShell verwenden Sie die einfachen Anführungszeichen (englisch *Single Quotes*), um eine einfache Zeichenfolge zu erzeugen. Diese Zeichenfolgen sind unmittelbar interpretierbar, ein vorangestelltes Cmdlet ist nicht erforderlich. Mit dem +-Operator verketten Sie diese Zeichenfolgen.

Wenn Sie Variablen als Teil einer Zeichenfolge expandieren wollen, das heißt, wenn Sie den Wert der Variablen ausgeben wollen, verwenden Sie die doppelten Anführungszeichen (englisch *Double Quotes*).

```
# Literal Strings
'Hallo Welt!'
'Hallo ' + 'Welt!'
'Test`n`t $ENV:PATH'

# Expandable Strings
"Mein Heimatverzeichnis: $home"
"Test`n`t $ENV:PATH"
```

Das letztgenannte Beispiel verwendet das Graviszeichen (englisch *Backtick*), das die PowerShell anweist, den Buchstaben »n« und später den Buchstaben »t« nicht literal zu interpretieren. Stattdessen werden ein Zeilenumbruch (n für Newline) und ein Tabstopp (t) durchgeführt.

Der Gravis ist das Escape-Zeichen der PowerShell, das ebenfalls genutzt wird, um ein Steuerzeichen innerhalb einer erweiterbaren

Zeichenkette zu entwerten. Anführungszeichen können Sie auch durch Verdopplung entwerten.

```
# Entwerten von Sonderzeichen
"Der Inhalt der Variablen `$home lautet: $home"
'Einfache Anführungszeichen: ''Single Quotes'''
"Doppelte Anführungszeichen: ""Single Quotes"""
```

Mehrzeilige Zeichenfolgen lassen sich als *Here-Strings* darstellen, auch diese können literal oder erweiterbar interpretiert werden. Here-Strings werden mit dem @-Zeichen und einem Anführungszeichen eingeleitet und beendet, wobei das Ende in einer eigenen Zeile stehen muss.

```
# Here-string: literal
@'
Dieser Text wird wortwörtlich ausgegeben:
`t `n ""TEST"" @'
'@

# Here-string: expandable
@"
Heimatverzeichnis:
$home
"@
```

Kommentare erzeugen Sie mit dem Doppelkreuz/dem Rautezeichen, auch mehrzeilige Kommentare sind möglich.

```
# Dies ist ein einzeiliger Kommentar!
<#
Dies ist ein mehrzeiliger
Kommentar!
#>
```

Weitere Informationen zu Escape-Zeichenfolgen finden Sie in der Hilfe: `help about_Special_Characters`

Variablen

Variablen beginnen mit einem $-Zeichen und müssen, typisch für eine Skriptsprache, nicht deklariert werden. Sie können Variablennamen mit exotischen Sonderzeichen erzeugen, wenn Sie den Variablennamen in geschweifte Klammern fassen, obwohl dies nicht sehr alltagstauglich ist.

```
$name = 'Thorsten'
$zahl = 5
${beliebige!@#@#`{Var`}iable} = 'PowerShell'
```

Sie ermitteln den Datentyp mithilfe des bereits bekannten Cmdlets `Get-Member`. Auf diese Weise entdecken Sie neben den Eigenschaften eines Objekts auch Methoden, die Sie nutzen können. Mit der Methode `.gettype()` können Sie ebenfalls den Datentyp abfragen.

```
# Eine Zeichenkette: String
$name = 'Thorsten'
Get-Member -InputObject $name
$name.GetType()

# Eigenschaft eines Strings
$name.length

# Methoden eines Strings
$name.ToUpper()
$name.Substring(0,3)
```

Variablen können mit jeder neuen Zuweisung den Datentyp verändern, was erhebliche Gefahren mit sich bringt. Sie können dies mithilfe einer *starken Typisierung* (Strong Typing) verhindern.

```
# Strong typing
[int] $i = 1
$i = 'test' # Dies wird fehlschlagen!
$i.gettype()
$i = 2

# Eingabe validieren
try {
    [int] $eingabe =
       Read-Host -Prompt 'Geben Sie eine Zahl ein'
}
catch {
    'Fehlerhafte Eingabe'
}
```

Das Cmdlet `Read-Host` akzeptiert prinzipiell jede Eingabe und erzeugt eine Zeichenkette/einen String. Wenn Sie sicherstellen müssen, dass der Anwender eine Zahl eingibt, können Sie wie im Beispiel oben das *Strong Typing* verwenden und den daraus resultierenden Fehler abfangen.

Typbezeichner und Typkonvertierung

In der PowerShell kann auf die Datentypen des .NET Framework zurückgegriffen werden. Dies gilt nicht nur für einfache Datentypen wie natürliche Zahlen (Integer) oder boolesche Werte (true/false), sondern auch für komplexe .NET-Klassen.

```
[System.Int32] 42
[System.Net.IPAddress] '1.1.1.1'
```

Wie im Abschnitt »Variablen« auf Seite 48 erläutert, können Sie auf diese Weise sicherstellen, dass Ihre Datenstruktur genau jene Eigenschaften und Methoden aufweist, die für Sie relevant sind und – falls erforderlich – den Datentyp unmittelbar konvertieren (*Type Casting*). Schon im zweiten Beispiel oben verwenden wir dies implizit: `'1.1.1.1'` ist für sich betrachtet eine Zeichenfolge (String), durch die Typbezeichnung `System.Net.IPAddress` interpretiert und konvertiert die PowerShell sie unmittelbar zu einer Instanz der Klasse `System.Net.IPAddress`. Somit ist sichergestellt, dass Ihnen die spezifischen Eigenschaften und Methoden dieser Klasse zur Verfügung stehen.

```
$ip = [System.Net.IPAddress] '1.1.1.1'
$ip.MapToIPv6() # Konvertiert die Adresse gemäß RFC 4291
```

Die Typkonvertierung erlaubt Ihnen auch einige einfache Manipulationen wie das Runden von Zahlen. Die runden Klammern stellen sicher, dass zunächst die Division durchgeführt wird und anschließend die Konvertierung in eine Ganzzahl erfolgt.

```
[System.Int32] (10/9)
```

Type Accelerator

Aufgrund der Vielzahl an Klassen des .NET Framework und damit möglicher Namenskonflikte sind diese Klassen in Namensräumen organisiert, ganz ähnlich dem Dateisystem und dessen Ordnern und Dateien. Die einzelnen Hierarchieebenen werden hierbei mit

Punkten getrennt. Ein praktischer Nachteil dieses Ansatzes ist, dass sich recht lange Bezeichnungen ergeben. Aus diesem Grund kennt die PowerShell kurze Pseudonyme, sogenannte *Type Accelerators*, für eine Reihe gängiger Datentypen. Die folgenden Ausdruckspaare sind jeweils völlig gleichbedeutend.

```
# Datentyp und Type Accelerator
[System.Int32] 42
[int] 42

[System.Net.IPAddress] '1.1.1.1'
[ipaddress] '1.1.1.1'

# Vom Pseudonym zum vollständigen Namen
[int].FullName
[ipaddress].FullName
```

Die Liste der Type Accelerators unterscheidet sich von System zu System. Einen Überblick über Ihre aktuelle Konfiguration erhalten Sie mit dem folgenden Befehl.

```
[System.Management.Automation.PSObject].Assembly.GetType(
  'System.Management.Automation.TypeAccelerators')::get

# Etwas kürzer (mit einem Type Accelerator)
[psobject].Assembly.GetType(
  'System.Management.Automation.TypeAccelerators')::get
```

Sie können selbstredend auch eigene Type Accelerators erzeugen.

```
# Type Accelerator erzeugen
[psobject].Assembly.GetType('System.Management.Automation.
  TypeAccelerators')::Add(
    'tcpclient', [System.Net.Sockets.TCPClient]
  )

# Type Accelerator verwenden
[tcpclient]::New('1.1.1.1',53)
```

Mengenlehre: Arrays & Co.

Ordnen Sie mehr als ein Element einer Variablen zu, erzeugen Sie automatisch ein Array-Objekt. Mit den Operatoren `,` und `..` erzeugen Sie Ihre eigenen Arrays, mit `+=` fügen Sie Elemente hinzu. Mithilfe eines Index können Sie die einzelnen Elemente ansprechen, mit der Eigenschaft count können Sie deren Anzahl abfragen.

```
# Ein Array-Objekt
$dateien = Get-ChildItem -Path $home -file -Recurse
$dateien.count # Anzahl der gefundenen Dateien

Get-Member -InputObject $dateien
$dateien.GetType()

# Ein FileInfo-Objekt
$dateien[0].GetType()

# String-Array
$neffen = 'Tick','Trick','Track'
$neffen[1] # String: 'Trick'

# Integer-Array
$zahlen = 1..10
$zahlen[-1] # Das letzte Element, hier: 10

# Polymorphic/Mixed Arrays
$mix1 = 1,'Tick',$true
$mix2 = @() # Ein leeres Array initialisieren
$mix2 += $dateien += $neffen += $zahlen
```

Für den Zugriff auf ein bestimmtes Element in einem Array verwenden Sie die eckigen Klammern. Die PowerShell nummeriert Arrays ausgehend von [0], das letzte Element repräsentiert [-1]. Des Weiteren können Sie mit dem Pluszeichen im Index Bereiche aus dem Array extrahieren.

- `$zahlen[0,2]`
  liefert das erste und das dritte Element zurück: 1, 3
- `$zahlen[1..4]`
  liefert das zweite bis fünfte Elemente zurück: 2, 3, 4, 5
- `$zahlen[-1..-2]`
  liefert die beiden letzten Elemente in absteigender Reihenfolge zurück: 10, 9
- `$zahlen[-1..2]`
  liefert das letzte Element zurück, springt an den Anfang und liefert die ersten drei Elemente: 10, 1, 2, 3

- `$zahlen[,0+2..4+6]`
  liefert das erste Element, das dritte bis fünfte sowie das siebte Element: 1, 3, 4, 5, 7

Sie können ein leeres Array mittels `@()` initialisieren, für ein Array mit einem einzelnen Element stellen Sie den Kommaoperator voran: `$neffen = ,'Tick'`

Pseudo-Arrays

Seit Version 3 behandelt die PowerShell jedes Objekt als Array, was Sie daran erkennen, dass jedes Objekt die Eigenschaft `count` aufweist. Dennoch ergibt es Sinn, Arrays zu initialisieren. Wenn Sie eine Variable vom Typ Integer erzeugen, können Sie mit `+=` einen Wert addieren. In einem Array hätten Sie zwei Werte als Resultat.

```
$zahl = 42
$zahl.count # Pseudo-Array
$zahl += 23 # $zahl repräsentiert nun 65

$myArray = ,42
$myArray.count
$myArray += 23
# $myArray repräsentiert nun 42,23
```

Array versus Arraylist

Die von der PowerShell erzeugten Standard-Arrays haben eine feste Größe. Ergänzen Sie ein Element mit dem Operator `+=`, wie im letzten Beispiel zu sehen war, muss das Array hinter den Kulissen neu erzeugt werden. Dies kann sehr viel Rechenzeit in Anspruch nehmen, wenn Sie Tausende von Elementen nacheinander hinzufügen. In den Codebeispielen zu diesem Buch finden Sie das Beispielskript *ArrayVsArraylist.ps1*, das diesen Effekt demonstriert.

Alternativ können Sie den Datentyp `ArrayList` verwenden, der mit der Methode `.add()` die Möglichkeit bietet, Elemente hinzuzufügen, und dabei deutlicher flotter ist.

```
[System.Collections.ArrayList]$al = @()
$al.add('Tick')
$al.add('Trick')
$al.add('Track')

$al[0] # String: Tick
```

Assoziative Arrays: Hash Tables

Im Gegensatz zu den oben beschriebenen Arrays greifen Sie bei assoziativen Arrays nicht mit einem numerischen Index auf die Werte Ihrer Liste zu, sondern mit einem Schlüssel.

```
# Allgemeine Form: Schlüsselname/Wert
$hashtable = @{ key = 'value'}

# Beispiel
$neffe = @{
    vorname  = 'Tick'
    nachname = 'Duck'
    wohnort  = 'Entenhausen'
}
$neffe.vorname
```

Sie können *Hash Tables* als Einzeiler schreiben, wenn Sie die Schlüssel/Wert-Paare mit Semikolon trennen. Wollen Sie später Werte ergänzen, stehen Ihnen zwei Schreibweisen zur Verfügung.

```
$neffe['givenname'] = 'Huey'
$neffe.Add('city','Ducktown')
```

Hash Tables sind reizvoll, weil Sie aus dieser einfachen Datenstruktur mit minimalem Aufwand eigene Objekte (Typ: `PSCustomObject`) erzeugen können, die sich nahtlos in Ihre Arbeitsabläufe integrieren lassen, siehe Abbildung 5-1.

Splatting

Mit Hashtabellen lassen sich Befehle mit vielen Parametern deutlich lesbarer gestalten. Der Trick ist dabei, dass Sie anstelle eines langen Einzeilers die Parameter/Wert-Paare in eine Hash Table auslagern.

```
# Splatting mittels einer Hash Table
$parameters = @{
  Filter='*.ps1'
  Path=$HOME
  Recurse=$true
}
Get-ChildItem @parameters
```

Je mehr Parameter und Werte Sie übergeben, desto übersichtlicher wird das *Splatting* des Befehls. Beachten Sie, dass *Switch*-Parameter, wie im Beispiel oben `-recurse`, beim Splatting immer einen Wert (`$true`, `$false`) zugewiesen bekommen müssen.

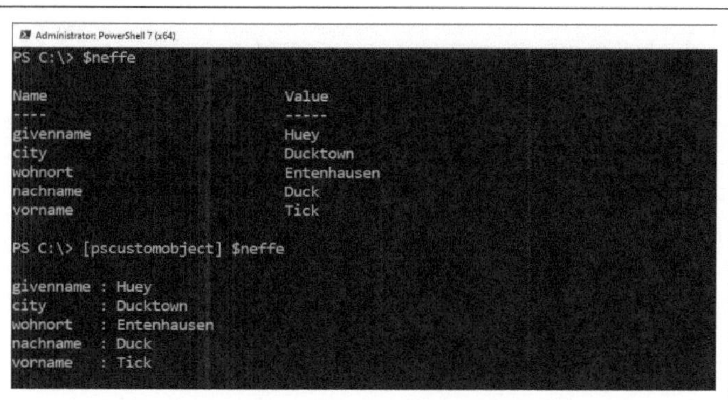

Abbildung 5-1: Von der Hash Table zum PSCustomObject

KAPITEL 6
Operatoren

Operatoren sind Sprachelemente, die Sie in Ausdrücken und Befehlsfolgen verwenden können. Sie finden detaillierte Informationen zu jedem einzelnen Operator in den about-Hilfen[1]. Tabelle 6-1 listet die Operatoren mit ihren jeweiligen Hilfedokumenten auf.

Tabelle 6-1: Operatoren im Überblick

<table>
<tr><th>Hilfedokument</th><th>Operatoren</th></tr>
<tr><td>about_Arithmetic_Operators</td><td>+, -, *, / ,%,
-band, -bor, -bxor, -bnot
-shl, -shr</td></tr>
<tr><td>about_Assignment_Operators</td><td>=, +=, -=, *=, /=, %=</td></tr>
<tr><td>about_Comparison_Operators</td><td>-eq, -ne, -gt, -ge, -lt, -le
-match, -notmatch, -like, -notlike,
-contains, -notcontains
-in, -notin, -is, -isnot

-replace</td></tr>
<tr><td>about_Logical_Operators</td><td>-and, -or, -xor, -not, !</td></tr>
<tr><td>about_Pipeline_Chain_Operators</td><td>|, &&, ||</td></tr>
<tr><td>about_Redirection</td><td>>, >>, 2>, 2>>, 2>&1</td></tr>
</table>

1 Sie finden die about-Hilfen erfahrungsgemäß am schnellsten mit einer Suchmaschine im Web. Prinzipiell sind diese Dokumente auch Bestandteil der PowerShell, Sie müssen die Dateien jedoch zunächst aktualisieren (siehe auch Kapitel 4, *Das Hilfesystem*). Leider ist dieser Updateprozess aufgrund zahlreicher Umstellungen in Microsofts Backend in den letzten Jahren häufig fehlerbehaftet gewesen. Somit war die Websuche in der Praxis oftmals der schnellste Weg.

Tabelle 6-1: Operatoren im Überblick (Fortsetzung)

Hilfedokument	Operatoren
about_Split, about_Join	`-split`, `-join`
about_Type_Operators	`-is`, `-isnot`, `-as`
about_Operators	`( )`, `$( )`, `@( )`, `&`, `[ ]`, `-f`, `[ ]`, `..`, `::`, `?:`, `??=`, `?.`, `?[]` , (Kommaoperator) . (Punktoperator)

Vergleichsoperatoren

Aufgrund Ihrer herausragenden Bedeutung verdienen die Vergleichsoperatoren eine detaillierte Erläuterung. Vergleichsoperatoren spielen eine bedeutsame Rolle bei der Flusskontrolle (Verzweigungen, Wiederholungen etc.). Diese Operatoren werden mit Buchstaben gebildet, ähnlich den Vergleichsoperatoren für Zeichenfolgen in *Perl*. Allen Vergleichsoperatoren ist ein Bindestrich vorangestellt.

Tabelle 6-2: Vergleichsoperatoren

Operator	Bedeutung
`-eq`, `-ne`	Equals / not equals
`-gt`, `-ge`	Greater than / greater than or equal
`-lt`, `-le`	Lesser than / lesser than or equal
`-match`, `-notmatch`	Regular expression pattern match / not match
`-like`, `-notlike`	Wildcard (*,?,`[range]`) pattern match / not match
`-contains`, `-notcontains`	Contains / not contains : Liste enthält (nicht) einen Referenzwert
`-in`, `-notin`	Ähnlich `-contains`: Referenzwert ist (nicht) Teil einer Liste
`-is`, `-isnot`	Prüfung des Datentyps
`-replace`	Regular expression pattern replace

Alle Vergleichsoperatoren unterscheiden im Standard nicht zwischen Groß- und Kleinschreibung. Mit einem explizit vorangestellten `c` können Sie dies ändern: `-ceq`, `-cne`, `-cmatch`, `-notmatch`, `-clike`, `-cnotlike`, `-cin`, `-cnotin`, `-creplace`

Wenn auch selten genutzt, so können Sie in gleicher Weise ein `i` voranstellen und damit explizit die »Nicht-Unterscheidung« des Falls betonen:`-ieq`, `-ine`, `-imatch`, `-notmatch`, `-ilike`, `-inotlike`, `-iin`, `-inotin`, `-ireplace`

Die Vergleichsoperatoren liefern prinzipiell boolesche Werte (`$true`, `$false`) zurück, es sei denn, man prüft einen Referenzwert gegen eine Menge. In diesem Fall liefern die Vergleichsoperatoren eine Liste der zutreffenden Elemente aus, gegebenenfalls auch eine leere Menge. Die Ausnahme bilden hierbei die Operatoren `-contains`, `-notcontains`, `-in`, `-notin`, die immer einen booleschen Wert ausgeben.

```
'Tick','Trick','Track' -like 'tr*'
# Antwort: Trick, Track

'Tick','Trick','Track' -contains 'trick'
# Antwort: True

'trick' -in 'Tick','Trick','Track'
# Antwort: True
```

Boolesche Werte sind in der Shell mit `$true`und `$false` repräsentiert, werden aber (leider) mit `True`und `False` angezeigt.

KAPITEL 7

Flusskontrolle

Mit den Bedingungsanweisungen der PowerShell können Sie den Ablauf der Ausführung Ihres Skripts beeinflussen.

Die Anweisungen if, elseif und else

```
# Allgemeine Form
if (<Bedingung 1>)
    {<Anweisungsblock 1>}
[elseif (<test2>)
    {<Anweisungsblock 2>}]
[else
    {<Anweisungsblock 3>}]
```

Sie können eine `if`-Anweisung auf eine einzelne Bedingung und einen einzelnen Anweisungsblock reduzieren:

```
if () else {}
```

In jedem Fall führt der erste Ausdruck, der als wahr interpretiert werden kann, zum Ausführen des korrespondierenden Anweisungsblocks. Der gegebenenfalls verbleibende Teil der Anweisung wird nicht ausgewertet: Nur ein Anweisungsblock wird verarbeitet.

Darüber hinaus wertet die PowerShell innerhalb einer solchen Bedingung jedweden gültigen Ausdruck als `$true` oder `$false` aus, auch wenn es auf den ersten Blick abwegig erscheint: Jede Zeichenfolge, jede Zahl größer oder gleich 1 und jede Menge an Elementen größer 0 entsprechen `$true`.

```
# Beispiel 1: eine einfache Verzweigung
$zahl =  1
if  ($zahl -gt 10) {'Erfolg'} else {'Misserfolg'}
```

```
# Beispiel 2: die vereinfachte Schreibweise mittels "Ternary
Operator"
$zahl -gt 10 ? 'Erfolg' : 'Misserfolg'

# Beispiel 3: Gesetzt den Fall, Sie haben keine *.abc-Datei
im aktuellen Verzeichnis, lautet das Ergebnis: 2.
if (Get-ChildItem -Filter *.abc) {1} {2}
```

In PowerShell 7 wurde der *Ternary Operator* (siehe Beispiel 2) neu eingeführt. Weitere Informationen hierzu finden Sie in Kapitel 20, *Neuerungen in PowerShell 7*.

Die Anweisung switch

Wollen Sie eine Reihe von Bedingungen prüfen, ist die `switch`-Anweisung die bessere (und übersichtlichere) Wahl. Wenn die PowerShell eine `switch`-Anweisung auswertet, prüft sie dabei den Ausdruck gegen die Anweisungen im `switch`-Körper. Ist der Ausdruck eine Liste mit Werten, prüft die PowerShell jedes einzelne Element gegen diese Anweisungen.

```
# Allgemeine Form
switch [-parameter] (<Referenzwert>) {
    Vergleichswert 1 {Anweisungsblock 1}
    Vergleichswert 2 {Anweisungsblock 2}
    default {Standard-Anweisungsblock}
}
```

Beachten Sie in den nachfolgenden Beispielen, dass alle zutreffenden Anweisungsblöcke ausgeführt werden. Trifft kein einziger Vergleich zu, wird der `Default`-Block ausgewertet. Möchten Sie, dass die PowerShell eine `switch`-Anweisung verlässt, nachdem sie eine Übereinstimmung verarbeitet hat, können Sie im Anweisungsblock ein `break` einfügen. Analog können Sie mit `continue` die Verarbeitung des aktuellen Referenzwerts verlassen und zum nächsten Wert springen.

```
# Beispiel 1: Ergebnis 2
switch (10) {
     9 {1}
    10 {2}
    11 {3}
```

```
    12 {4}
    Default {5}
}

# Beispiel 2: Ergebnis 3, 4
switch (10) {
    { 9 -gt $_} {1}
    {10 -gt $_} {2}
    {11 -gt $_} {3}
    {12 -gt $_} {4}
    Default {5}
}

# Beispiel 3: Ergebnis 3
switch (10) {
    { 9 -gt $_} {1}
    {10 -gt $_} {2}
    {11 -gt $_} {3; break}
    {12 -gt $_} {4}
    Default {5}
}

# Beispiel 4: Ergebnis 3,4
switch (10,11) {
    { 9 -gt $_} {1}
    {10 -gt $_} {2}
    {11 -gt $_} {3; continue}
    {12 -gt $_} {4}
    Default {5}
}
```

Sie sehen in den Beispielen oben, dass innerhalb eines `switch`-Blocks die automatische Variable `$_` verwendet werden kann. In gleicher Weise können Sie auch `$psitem` einsetzen. Diese Variablen repräsentieren den jeweils aktuellen Referenzwert.

Switch kennt eine Reihe von Parametern:

- `switch -Wildcard`: Prüft den Referenzwert und die Vergleichswerte mithilfe der einfachen Jokerzeichen (*, ?, []).
- `switch -Exact`: Ausdruck und Vergleichswerte müssen exakt übereinstimmen. Die Groß-/Kleinschreibung wird wie üblich ignoriert. Dies ist das Standardverhalten.

- `switch -CaseSensitive`: Vergleich, bei dem Groß-/Kleinschreibung beachtet wird. Kann mit anderen Parametern kombiniert werden.
- `switch -File`: Anstelle des üblichen Referenzwerts kann eine Datei angegeben werden, deren Inhalt Zeile für Zeile als Referenz dient. Der Referenzwert in runden Klammern entfällt.
- `switch -RegEx`: Prüft den Referenzwert und die Vergleichswerte mithilfe regulärer Ausdrücke (siehe auch Kapitel 13, *Reguläre Ausdrücke*).

Sie können mit der Kombination dieser Parameter widersprüchliche Anweisungen formulieren, zum Beispiel `switch -wildcard -regex () {}`. In einem solchen Fall hat der letztgenannte Parameter Vorrang.

```
# Beispiel 5: Ergebnis 1
switch -wildcard ('powershell') {
    'p*' {1}
    'x*' {2}
    'y*' {3}
    'z*' {4}
    Default {5}
}

# Beispiel 6: Ergebnis 1,2,3,4
switch -regex ('powershell') {
    'p'  {1}
    '.'  {2}
    'p*' {3}
    '\w' {4}
    Default {5}
}
```

Die for-Schleife

```
# Allgemeine Form
for (<Initialisierung>; <Bedingung>; <Schrittweite>) {
    <Anweisung>
}
```

Zunächst interpretiert die PowerShell den als Initialisierung vorgegebenen Ausdruck, im Anschluss überprüft sie die Bedingung. Ergibt dies `$true`, führt die PowerShell den Anweisungsblock aus. Im letzten Schritt wertet sie die Schrittweite aus. Dieser Vorgang wiederholt sich, solange die Bedingung wahr ist.

```
# Eine for-Schleife mit Schrittweite 2: Ergebnis 1,3,5,7
for ($i = 1; $i -lt 9; $i+=2 ) {
    $i
}
```

Die foreach-Schleife

```
# Allgemeine Form
foreach ($<Variable> in $<Liste){<Anweisung>}
```

Die foreach-Schleife bietet eine einfache und flotte Möglichkeit, über eine vorgegebene Menge zu iterieren.

```
# Zahlen addieren: Ergebnis 55
foreach ($i in 1..10) {
    $summe += $i
}
$summe
```

foreach vs. ForEach-Object

Das Schlüsselwort `foreach` und das Cmdlet `ForEach-Object`, das wir in Kapitel 8, *Pipelining*, unter die Lupe nehmen, lassen sich in vielen Fällen austauschbar verwenden, wobei jede der beiden Verfahren ihre Vorzüge und Nachteile aufweist. `foreach` ist allgemein schneller in der Verarbeitung, jedoch auch ressourcenhungriger. `foreach` unterstützt kein Pipelining, erlaubt jedoch die Benennung der Laufvariablen.

`ForEach-Object` spielt seine Stärken in der Pipeline aus; es nimmt Eingaben über die Pipeline entgegen und erlaubt das Fortführen der Pipeline. Dabei ist `ForEach-Object` weniger ressourcenhungrig.

Irritierenderweise haben die Väter der PowerShell dem Cmdlet `ForEach-Object` einen Alias namens `foreach` zur Seite gestellt, der sich leicht mit dem namensgleichen Schlüsselwort verwechseln lässt. Die PowerShell unterscheidet die beiden Anweisungen anhand ihrer Position: Das Schlüsselwort `foreach` muss immer am Anfang einer Anweisung stehen.

Schleifen mit while, do, until

Mit dem Schlüsselwort `while` erstellen Sie einfache, kopfgesteuerte Schleifen.

```
# Allgemeine Form
while (<Bedingung>){<Anweisung>}
```

Mit dem Schlüsselwort `do` erstellen Sie Schleifen, die mindestens einmal den Anweisungsblock durchlaufen. `while` und `until` definieren die Lauf- bzw. Abbruchbedingungen.

```
# Allgemeine Form: Do .. while
do {<statement list>} while (<condition>)

# Allgemeine Form: Do .. until
do {<statement list>} until (<condition>)
```

Anhand einfacher Beispiele zeigen sich die Unterschiede dieser eng verwandten Schleifentypen.

```
# Kopfgesteuerte Schleife, gibt die Zahlen 1 bis 10 aus.
while ($i -lt 10) {
    $i++
    $i
}

# Fußgesteuerte Schleife, gibt die Zahlen 1 bis 10 aus.
do {
    $i++
    $i
} while ($i -lt 10)

# Fußgesteuerte Schleife, gibt die Zahl 1 aus.
do {
    $i++
    $i
} until ($i -lt 10)
```

Ablaufsteuerung mit break und continue

Sie können den Ablauf von Schleifen (`foreach`, `for`, `do`, `while`) mittels `break` unterbrechen, mit `continue` springen Sie direkt in die nachfolgende Iteration. Ergänzend können Sie ein sogenanntes Label angeben, das Sie in verschachtelten Schleifen als Sprungziel adressieren können.

```
# Beispiel 1, Ausgabe: a
foreach($item in 'a','b','c') {
    if ($item -eq 'b') {break}
    $item
}

# Beispiel 2, Ausgabe: 2 a c 3 a c 4 a c
$i = 1
while ($i -lt 4) {
    $i++
    $i
        foreach($item in 'a','b','c') {
            if ($item -eq 'b') {continue}
        $item
    }
}

# Beispiel 3, Ausgabe: 1 a
:outer_loop while ($i -lt 4) {  # Label: outer_loop
    $i++
    $i
    :inner_loop foreach($item in 'a','b','c') {
        # Label: inner_loop
        if ($item -eq 'b') {break outer_loop}
        $item
    }
}
```

`break` und `continue` können Sie darüber hinaus in `switch`- und `trap`-Blöcken verwenden.

KAPITEL 8
Pipelining

Die Pipeline ist eines der grundlegendsten Elemente der PowerShell. Über den Pipeline-Operator | werden Objekte zwischen Cmdlets übergeben. Die Ausgabe des ersten Cmdlets wird zur Eingabe des zweiten Cmdlets. Dabei kann es sich um einfache Datentypen, einzelne Objekte oder um eine Vielzahl von Objekten handeln. Genau dieses Prinzip unterscheidet die PowerShell von anderen Shells, wie man sie gegebenenfalls von Unix kennt. Während dort auf der Basis von Text Informationen aus einem Verarbeitungsschritt über die Pipeline an den nächsten Befehl übergeben werden, sind es bei der PowerShell in aller Regel typisierte Objekte auf der Basis des .NET Framework. Eine komplexere Textanalyse kann entfallen.

```
# Beispiel 1:#
Ein einzelner Wert wird an einen Parameter übergeben.
Get-Date -date '1961-04-12'

# Mehrere Werte werden über die Pipeline übergeben.
'1961-04-12','1969-07-21' | Get-Date

# Die Pipeline erweitern.
'1961-04-12','1969-07-21' | Get-Date |
  Select-Object -Property DayOfWeek
```

Das Prinzip des Förderbands wird häufig genutzt, um die Arbeitsweise der Pipeline zu verdeutlichen. Im Beispiel oben zeigt sich dies ganz exemplarisch: Ein Werkstoff (unsere Daten) werden von einem ersten Cmdlet (`Get-Date`) verarbeitet, das Ergebnis wird an ein zweites Cmdlet (`Select-Object`) weitergereicht. Sie benötigen die Pipeline nicht zwingend, wenn Sie nur ein einzelnes Objekt (in unserem Fall: ein Datum) verarbeiten wollen. Sobald Sie mehrere

Objekte/mehrere Daten verarbeiten möchten, kann sie die Arbeit allerdings stark vereinfachen.

Natürlich können Sie auch bei vielen Objekten andere Lösungswege finden:

- Sie könnten eine Batch-Datei erstellen und den Befehl n-mal wiederholen (nicht sehr elegant).
- Sie schreiben eine verbesserte Version von `Get-Date`, die Ihnen erlaubt, mehrere Daten in der Art `Get-Date -date '1961-04-12','1969-07-20'` zu übergeben (viele andere Cmdlets erlauben dies).
- Sie könnten eine beliebige Schleife verwenden.

Ein zentraler Vorteil der Pipeline ist der intuitiv verständliche Aufbau und die simple Tatsache, dass man in einer kommandozeilenorientierten Konsole die Pipeline Stück für Stück aufbauen kann – sehr viel einfacher als mit einer `for`-Anweisung. Auch die Anzahl der Eingabeobjekte kann beliebig variieren von 1 bis zu 1.000 Elementen. Die Syntax ändert sich nicht.

Ob das Cmdlet `Get-Date` überhaupt in der Lage ist, Pipeline-Eingaben zu verarbeiten, entnehmen Sie der Hilfe.

```
Ausgabe des Befehls: Get-Help -name Get-Date -parameter date
-Date <datetime>
    Required?                    false
    Position?                    0
    Accept pipeline input?       true (ByValue, ByPropertyName)
    Parameter set name           (All)
    Aliases                      LastWriteTime
    Dynamic?                     false
```

Beispiel 1 auf Seite 69 zeigt ein sogenanntes *Pipelining ByValue*: Einfache Zeichenfolgen werden an die Pipeline übergeben. Oftmals werden Sie komplexere Informationen verarbeiten wollen. Angenommen, Sie hätten eine Datei mit strukturierten Daten (zum Beispiel eine CSV-Datei wie in Abbildung 8-1) vorliegen, die Sie zur Eingabe verwenden wollen. Zu diesem Zweck muss eindeutig gekennzeichnet sein, welche Teile der Datensätze für die Weiterverarbeitung relevant sind.

```
"Date","TimeZone","Mission"
"1961-04-12","UTC","Vostok 1"
"1969-07-21", "UTC","Apollo 11"
```

Abbildung 8-1: Die Datei »missions.csv«

```
# Beispiel 2: Pipelining by PropertyName
Import-Csv -Path 'missions.csv' | Get-Date |
  Select-Object -Property DayOfWeek
```

Wir konnten der Hilfe von `Get-Date` entnehmen, dass Pipeline-Eingaben für den Parameter `-date` sowohl `ByValue` als auch `ByPropertyName` möglich sind. *Pipelining ByPropertyName* erfordert es, dass die Eingabedaten auf den korrespondierenden Parameter verweisen. Exakt dies nutzten wir oben in Beispiel 2 aus.

ForEach-Object

Leider kann nicht jedes Cmdlet von Haus aus Pipeline-Eingaben verarbeiten. Möglicherweise sind Sie in Einzelfällen auch auf externe Programme angewiesen. Für diesen Fall bringt die PowerShell eine Art Schweizer Taschenmesser mit: `ForEach-Object` (alias `%`, `foreach`)

```
# Beispiel 1: Ein externes Programm wird in die
# Pipeline eingebunden.
'www.oreilly.de','www.dpunkt.de' |
  ForEach-Object -Process { nslookup $_ }

# Beispiel 2: Der Alias % für ForEach-Object.
'www.oreilly.de','www.dpunkt.de' | % { nslookup $_ }

# Beispiel 3: Suche mithilfe des Active Directory
# (nur Windows).
Get-ADComputer -Filter * | ForEach-Object -Process {
    Test-Connection -ComputerName $_.DNSHostname
      -Count 1 -ErrorAction SilentlyContinue
}
```

Beispiel 3 erfordert ein Active Directory und die Installation der RSAT (siehe auch Kapitel 10, Den Funktionsumfang der PowerShell erweitern).

Die besondere Stärke von *ForEach-Object* liegt darin begründet, dass Sie einen Skriptblock {} verwenden können, in dem Sie beliebig viele Anweisungen mit jeder Iteration ausführen lassen. Innerhalb des Skriptblocks steht Ihnen die automatische Variable `$_` zur Verfügung, sie repräsentiert das aktuelle Objekt in der Pipeline.

`$_` wird häufig als *Special Pipeline Variable* bezeichnet. Entgegen dieser Bezeichnung findet sich die Variable auch außerhalb der Pipeline, z.B. in einer `switch`-Anweisung (siehe Abschnitt »Die Anweisung switch« auf Seite 62). Seit PowerShell 3 kann man alternativ auch `$psitem` verwenden.

ForEach-Object vs. foreach

Das Cmdlet `ForEach-Object` lässt sich leicht mit dem Schlüsselwort `foreach` verwechseln, das Sie im Abschnitt »Die foreach-Schleife« auf Seite 65 bereits kennengelernt haben.

```
# Pipelining mit ForEach-Object
'Tick','Trick','Track' |
   ForEach-Object -process {
     "$_ ist ein Neffe von Donald!"
}

# Eine Schleife mit foreach
foreach ($neffe in 'Tick','Trick','Track') {
  "$neffe ist ein Neffe von Donald!"
}
```

Sie sollten diese beiden Verfahrensweisen trotz aller Ähnlichkeit sauber voneinander trennen. Sie können im ersten Beispiel die Pipeline weiter fortführen, was im zweiten Beispiel nicht möglich ist. Dafür können Sie Schleifen mit `foreach` sehr viel einfacher verschachteln, da Sie die Laufvariable explizit benennen. Darüber hinaus ist die `foreach`-Schleife, wie bereits in Kapitel 7, *Flusskontrolle*, erläutert, allgemein schneller.

Mein Tipp: Verzichten Sie grundsätzlich auf den Alias `ForEach` für `ForEach-Object`, um Ihren Code fehlerfrei zu halten.

Seit PowerShell 7 unterstützt `ForEach-Object` die gleichzeitige Ausführung des Skriptblocks mit dem Paramater `-parallel`. Dabei nutzt PowerShell 7, ebenso wie das neu entwickelte Modul *ThreadJobs*, sogenannte *Runspaces*, die es erlauben, multiple Threads innerhalb des PowerShell-Prozesses zu erzeugen.

```
# Beispiel 1: Parallele Ausführung
'www.oreilly.de','www.dpunkt.de' | ForEach-Object -Process {
    Test-Connection -ComputerName $_ -Count 4
      -ErrorAction SilentlyContinue
  }

# Beispiel 2: Zeit messen
Measure-Command -Expression {
  $count = 4
  'www.oreilly.de','www.dpunkt.de' |
    ForEach-Object -ThrottleLimit 2 -Parallel {
      Test-Connection -ComputerName $_
        -Count $using:count -ErrorAction SilentlyContinue
  }
} | Select-Object -ExpandProperty TotalSeconds
```

Prinzipiell kann für jedes Eingabeobjekt ein eigener Runspace erzeugt und der gesamte Skriptblock kann parallelisiert werden. In den Beispielen oben werden zwei Elemente über die Pipeline transportiert, nämlich die Rechnernamen. Mit dem Parameter `-ThrottleLimit` geben Sie die maximale Anzahl von Runspaces vor. Verringern Sie den Wert auf 1, arbeitet `ForEach-Object` ebenso sequenziell wie mit dem Parameter `-Process`. Erhöhen Sie den Wert, haben Sie keinen positiven Effekt: Mehr als zwei Runspaces werden hier nicht benötigt.

Wenn Sie sehr viele Eingabeobjekte haben, sollten Sie dennoch vorsichtig mit der Erhöhung des ThrottleLimits sein. Das Erzeugen der Ressourcen kostet Rechenzeit, und die de facto verfügbaren Runspaces richten sich nach den verfügbaren CPU-Kernen! Diese Kerne müssen aber alle möglichen Aufgaben erledigen, sodass das ThrottleLimit kein beliebig skalierbarer Wert ist. Der Standardwert ist 5 – aus gutem Grund.

Unterm Strich können Sie bei allzu leichtfertiger Verwendung Ihre Befehle sogar ausbremsen. Eine schnelle `foreach`-Schleife kann bei vielen kurzlebigen Aufgaben die wesentlich bessere Wahl sein.

Where-Object

Die Arbeit mit der PowerShell erfordert häufig den Umgang mit großen Datenmengen und mit zahlreichen Objekten. In vielen Fällen werden Sie eine Auswahl der für Sie relevanten Daten treffen wollen und nur diese Daten an einen nachfolgenden Befehl in der Pipeline weitergeben. Genau diesen Zweck erfüllt das Cmdlet `Where-Object` (alias ?, `where`), das im Wesentlichen nichts anderes ist als die elegante Kombination von `ForEach-Object` und einer `if`-Anweisung.

```
# Beispiel 1: Finde Dateien, die größer als 10 MB sind.
Get-ChildItem -Path ~ -File -Recurse |
  Where-Object -FilterScript { $_.Length -gt 10MB } |
    Sort-Object -Property Length -Descending

# Beispiel 2: Finde Dateien, die in den letzten 6 Monaten
geändert wurden.
Get-ChildItem -Path ~ -File -Recurse |
  Where-Object -FilterScript {
   $_.LastWriteTime -gt (Get-Date).AddMonths(-6)
 }

# Beispiel 3: Finde Prozesse, die mehr als 42 s CPU-
Zeit verbraucht haben.
Get-Process | Where-Object -FilterScript { $_.CPU -gt 42 } |
  Sort-Object -Property CPU -Descending

# Beispiel 4: Finde lokale Benutzer, deren SID auf "-
500" endet (nur Windows).
Get-LocalUser | ? { $_.SID -like '*-500' } |
  Format-List -Property Name, Enabled, Description, SID

# Beispiel 5: Prüfe die Erreichbarkeit (nur PowerShell 7)
'www.oreilly.de','www.dpunkt.de' | ? {
    Test-Connection -TargetName $_ -TcpPort 80
}
```

Obgleich ich in diesem Buch weitgehend auf verkürzte Schreibweisen verzichte, habe ich in den letzten Beispielen einige Male den Alias ? verwendet, da Sie diese Kurzschreibweise in vielen Skriptbeispielen finden werden – sei es in der Arbeit von Kolleginnen und Kollegen, im Internet, in den Hilfedokumenten oder anderen Büchern. Das Gleiche gilt für den Alias `%` und `ForEach-Object`.

Tipp

`Where-Object` ist ein großartiges Werkzeug, dennoch sollte es immer Ihre zweite Wahl sein. Wann immer ein Cmdlet über einen Parameter verfügt, mit dem Sie Daten unmittelbar filtern können, sollten Sie diesen bevorzugen.

```
# Erste Wahl
Get-ChildItem -path ~ -Filter '*.ps1'

# Zweite Wahl
Get-ChildItem -path ~ | Where-Object
-FilterScript {
  $_.Extension -eq '.ps1'
}
```

Das Filtern mithilfe des für das Dateisystem spezialisierten Cmdlets `Get-ChildItem` wird signifikant schneller sein als das generische Filtern mittels `Where-Object`. In vielen Fällen bieten Cmdlets spezielle Filter für den jeweiligen Anwendungsfall; so ermöglichen die Get-AD*-Cmdlets das sehr mächtige Verwenden von LDAP-Filtern zur Suche im Active Directory.

Calculated Properties

In der Pipeline verwenden Sie häufig Cmdlets wie `Select-Object`, `Format-Table` oder `Format-List`, um Ausgaben an Ihre eigenen Bedürfnisse anzupassen. Sie müssen sich hierbei aber nicht auf die Auswahl von Eigenschaften beschränken, Sie können viele weitergehende Anpassungen durchführen.

Ein Beispiel: Dateisystemobjekte geben die Dateigröße unter der Bezeichnung `Length` in Byte aus, was nicht sonderlich aussagekräftig ist! Sie können mit einer Hash Table die Ausgabe modifizieren. Dabei tritt die Hash Table an die Stelle der Eigenschaft in dieser allgemeinen Form: `@{ name=''; expression ={} }`

```
# Ersetzen des Eigenschaftsnamens
Get-Item -Path 'helloworld.ps1' |
  Select-Object -Property Mode, LastWriteTime,
    @{ Name='Size'; expression={$_.Length}}, Name

# Umrechnen in Kilobyte (KiB)
Get-Item -Path 'helloworld.ps1' |
  Select-Object -Property Mode, LastWriteTime,
    @{ Name='Size(KiB)'; expression={$_.Length/1024}}, Name
```

Die Schlüssel Name/Label[1] und Expression werden von verschiedenen Cmdlets unterstützt. Weitergehende Auszeichnungen sind insbesondere mit `Format-Table` möglich. Alle Schlüssel lassen sich mit einem einzelnen Buchstaben abkürzen, siehe Tabelle 8-1.

Tabelle 8-1: Auszeichnungsschlüssel

Kürzel	Schlüssel	Werte	CmdLets
n, l	Name, Label	beliebig	Format-Table, Format-List, Select-Object
e	Expression	{Scriptblock}	Format-Table, Format-List, Select-Object
f	Format-String	.NET Format-Strings[2]	Format-Table, Format-List
a	Align(ment)	left, center, left	Format-Table
w	Width	Anzahl Zeichen	Format-Table

`Format-Table` bietet die am weitesten reichenden Möglichkeiten. Bedenken Sie aber, dass die Pipeline mit einem Format-Cmdlet enden sollte, eine weitergehende Verarbeitung ist in der Regel nicht möglich (wie zum Beispiel der Export in eine CSV-Datei). Eine weitere Besonderheit ist, dass eine Breitenangabe mit `width` nur dann

1 Ursprünglich verwendete ausschließlich das Cmdlet `Select-Object` den Schlüssel »Name« im Gegensatz zum gebräuchlichen »Label«. Um Irritationen zu vermeiden, kann man seit PowerShell 2 beide Schlüssel verwenden.

2 Siehe »Format types in .NET«: *https://docs.microsoft.com/en-us/dotnet/standard/base-types/formatting-types*

funktioniert, wenn die fragliche Eigenschaft als erstes Element genannt wird.

```
# Weitergehende Anpassungen mit Format-Table
Get-Item -Path 'helloworld.ps1' |
  Format-Table -Property @{
    n='Size(KiB)';w=42; e={$_.Length/1024};f='N2';a='left'
  }, Mode, LastWriteTime, Name
```

Sie sollten sich im Alltag möglichst mit `Select-Object` und den Schlüsseln *Name/Label* und *Expression* begnügen. Die Einschränkungen, die `Format-Table` mit sich bringt, wiegen stärker als der Nutzen. Den Formatschlüssel können Sie gleichwertig ersetzen, wie Ihnen die abschließenden Beispiele zeigen.

```
# Formatierung mit dem Format-Operator
Get-Item -Path 'helloworld.ps1' |
  Select-Object -Property Mode, LastWriteTime, @{
    n='Size(KiB)'
    e={'{0:N3}' -f ($_.Length/1024)}
  }, Name

# Runden statt formatieren
Get-Item -Path 'helloworld.ps1' |
  Select-Object -Property Mode, LastWriteTime,  @{
    n='Size(KiB)'
    e={ [Math]::Round($_.Length/2,3)}
  }, Name
```

KAPITEL 9

Verwalten von Fehlern

Die PowerShell unterstützt zwei Fehlerklassen:

- *Nonterminating Errors*: Fehler, die nicht zu einem Abbruch führen
- *Terminating Errors*: Fehler, die zu einem Abbruch führen

Obgleich die Fehlerbehandlung der PowerShell auf .NET basiert, ist das Konzept der *Nonterminating Errors* eine Spezialität der PowerShell. In einer Skriptsprache wollen Sie typischerweise nicht, dass die Verarbeitung Ihrer Anweisungen unmittelbar stoppt, sobald ein einzelner, möglicherweise vernachlässigbarer Fehler auftritt. Stellen Sie sich einen Kopierbefehl vor, der Hunderte von Dateien sichert. Wollen Sie, dass die Ausführung stoppt, weil eine einzige Datei nicht kopiert werden kann?

Die PowerShell sammelt Fehler beider Klassen in der automatischen Variablen `$error`, sodass `$error[0]` den zuletzt aufgetretenen Fehler ausgibt. Den Detailgrad der Ausgabe für `$error` bestimmt die automatische Variable `$errorview` sowohl für *Terminating* als auch *Nonterminating Errors*.

- *NormalView*: Standard in PowerShell 1 bis 6
- *CategoryView*: verkürzte Ansicht, selten genutzt
- *ConciseView*: Standard und neu eingeführt in PowerShell 7, prägnante Ansicht

`Get-Error` beschränkt sich standardmäßig auf den letzten Fehler und zeigt, obgleich dasselbe Objekt zugrunde liegt, sehr viel detailliertere Informationen. `Get-Error` wurde in PowerShell 7 neu eingeführt.

Darüber hinaus schreibt die PowerShell Fehler in einen speziellen Datenstrom, den *Error Stream*.

Nonterminating Errors

Bei den meisten Fehlern handelt es sich um *Nonterminating Errors*, da sie die Ausführung des aktuellen Cmdlets und der Pipeline nicht beenden.

```
# Beispiele für Nonterminating Errors
Get-ChildItem -Path 'gibtesnicht', $HOME |
  Select-Object -Property FullName

Get-Process -FileVersionInfo | Out-GridView # Nur Windows
```

Obgleich der Pfad `gibtesnicht` nicht existiert und obgleich für einige Prozesse (unter Windows) keine Dateiversionsinformationen ermittelt werden können, werden die Anweisungen weiterhin ausgeführt und die sonstigen Elemente (Dateien, Prozesse ...) über die Pipeline an den nächsten Befehl weitergereicht.

Mit der automatischen Variablen `$ErrorActionPreference` können Sie steuern, wie die PowerShell mit *Nonterminating Errors* umgeht, und diese bei Bedarf in einen *Terminating Error* konvertieren. `$ErrorActionPreference` unterstützt die in Tabelle 9-1 aufgeführten Werte.

Tabelle 9-1: ErrorActionPreference

Wert	Bedeutung
`SilentlyContinue`	Zeigt keine Fehler an.
`Stop`	Behandelt Nonterminating Errors als Terminating Errors.
`Continue` (Standard)	Zeigt zwar Fehler an, führt aber die Ausführung des aktuellen Cmdlets oder der Pipeline fort. Hierbei handelt es sich um den Standardwert.
`Inquire`	Zeigt eine Eingabeaufforderung an, die abfragt, wie die PowerShell mit diesem Fehler umgehen soll.
`Ignore` (seit PowerShell 3)	Unterdrückt die Fehlermeldung und fügt sie nicht zu `$error` hinzu.
`Break` (neu in PowerShell 7)	Startet den Debug-Modus, wenn ein Fehler auftritt.

Als Alternative zur Systemvariablen können Sie mithilfe des allgemeinen Parameters (*Common Parameter*) `-ErrorAction` für jedes Cmdlet explizit die Behandlung von Fehlern konfigurieren. Auf diese Weise können Sie *Nonterminating Errors* in ihr Gegenteil verkehren.

```
# Aus nonterminating wird terminating
Get-ChildItem -Path 'gibtesnicht',$HOME, $PSHOME
  -ErrorAction Stop |  Select-Object -Property FullName

Get-Process -FileVersionInfo -ErrorAction Stop |
  Out-GridView # Nur Windows
```

Terminating Errors

Ein zum Abbruch führender Fehler, ein *Terminating Error*, stoppt die Ausführung des aktuellen Cmdlets und der Pipeline. Wenn ein Befehl eine *Exception* (eine Ausnahme) generiert (etwa wenn Sie einen ungültigen Parameternamen verwenden), stellt die PowerShell das als *Terminating Error* dar. Die PowerShell generiert ebenso einen *Terminating Error*, wenn sie ein Element Ihres Codes nicht parsen kann. Die Begriffe *Terminating Error* und *Exception* werden im Kontext der PowerShell in der Regel synonym verwendet.

```
# Beispiele für Terminating Errors
Get-ChildItem -gibtesnicht
1 / 0
Get-Date -Date '123ABC'
```

Sie können in Ihrem Skript mithilfe des Schlüsselworts `throw` einen *Terminating Error* generieren, der die Ausführung unmittelbar unterbricht.

```
# Allgemeine Form
throw <Fehlermeldung>
# Ein Beispiel
throw 'Critcial error!' ; 'Dies wird nicht ausgeführt!'
```

Die flexiblere Lösung stellt das Cmdlet `Write-Error` dar. Mit dem Parameter `-ErrorAction` können Sie definieren, was im Fehlerfall geschehen soll, und Änderungen in Ihrem Code jederzeit schnell umsetzen.

```
# Nonterminating Error
Write-Error -Message 'Critcial error!'

# Terminating Error
Write-Error -Message 'Critcial error!' -ErrorAction Stop
```

Mit der PowerShell können Sie seit Version 1 *Terminating Errors* mit einer trap-Anweisung behandeln. Seit PowerShell 2 steht Ihnen mit `try/catch/finally`-Blöcken eine deutlich überlegene Lösung zur Verfügung.

```
# Trap
trap { 'Vorsicht!' } 1/0

# Try/Catch/Finally
try {
  1
  1/0
  2
}
catch [DivideByZeroException] {
  'Sie haben versucht, durch 0 zu teilen!'
}
catch {
  "Ein unbekannter Fehler ist aufgetreten: $_"
}
finally {
'Ende'
}
```

`try/catch/finally` erlaubt Ihnen, einen Anweisungsblock zu erstellen, der sukzessive abgearbeitet wird, bis ein Befehl einen *Terminating Error* erzeugt, wie im Beispiel oben die Division durch Null: `1/0`.

In diesem Fall springt die PowerShell in jenen `catch`-Block, für den Sie den passenden Ausnahmetyp definiert haben. So können Sie auf unterschiedliche Fehler differenziert reagieren oder mit einem allgemeinen `catch` jedwede *Exception* abfangen. Innerhalb der Blöcke von `trap` sowie in `try/catch/finally` repräsentiert `$_` den vom System erkannten Fehler. Sie können auf `catch` oder `finally` verzichten, nicht jedoch auf beide zugleich. Der abschließende `finally`-Block wird ohne Bedingung ausgeführt. Auf das einfache `trap` können Sie im Alltag verzichten, es ist aber in allen PowerShell-Versionen verfügbar und soll hier nicht unerwähnt bleiben.

Entscheidend für die differenzierte Behandlung von Fehlern ist der Fehler- bzw. Ausnahmetyp (englisch *Exception Type*). Diesen Ausnahmetyp ermitteln Sie anhand des Fehlerobjekts. Provozieren Sie einen Fehler und betrachten Sie unmittelbar im Anschluss die Details des automatisch erfassten Fehlerobjekts.

```
# Ausnahmetyp ermitteln: $error
$error[0].Exception.GetType().Fullname
$error[0].Exception.InnerException.GetType().Fullname

# Ausnahmetyp ermitteln: Get-Error
(Get-Error).Exception.GetType().Fullname
(Get-Error).Exception.InnerException.GetType().Fullname
```

Kommt es zu einer Verkettung von mehreren Fehlern, benötigen Sie die `InnerException` (siehe die jeweils zweite Zeile im Listing oben).

Weiterführende Hinweise erhalten Sie in der PowerShell-Hilfe:

```
help about_Trap
help about_Try_Catch_Finally
```

Ein- und Ausgabeumleitung: Streams

Wie alle modernen Shells unterstützt die PowerShell die gezielte Umleitung der Ausgabe. Dabei unterschiedet die PowerShell sechs unterschiedliche Datenströme, sogenannte *Streams*.

Tabelle 9-2: Streams

Stream	Ausgabe	Psversion
*	(Alle)	seit v3
1	Success	seit v2
2	Error	seit v2
3	Warning	seit v3
4	Verbose	seit v3
5	Debug	seit v3
6	Information	seit v5

Mit den Operatoren > und >> leiten Sie Ausgaben um, im einfachsten Fall in eine Datei.

```
# Einfache Umleitung (default = 1: Success)
Get-ChildItem -Path $HOME > 'files.txt'

# Dies ist äquilavent hierzu.
Get-ChildItem -Path $HOME 1> 'files.txt'
Get-ChildItem -Path $HOME | Out-File -path 'files.txt'

# Erweitern einer Datei
Get-ChildItem -Path $PSHOME >> 'files.txt'
Get-ChildItem -Path $PSHOME | Out-File -path 'files.txt' -append
```

Ein Befehl kann prinzipiell beliebig viele der sechs Streams mit unterschiedlichen Daten füllen. Fehlermeldungen gelangen über den *Error Stream* auf den Bildschirm, können aber ebenso in eine separate Fehlerdatei umgeleitet werden. Des Weiteren können mit & Streams kombiniert werden.

```
# Fehler und Erfolge in verschiedene Dateien protokollieren
Get-ChildItem -Path 'gibtesnicht',
   $HOME  2> errors.txt > files.txt

# Fehler und Erfolge in einem Stream kombinieren
Get-ChildItem -Path 'gibtesnicht',
   $HOME  2>&1 > error-success-log.txt

# Alle Streams in eine Datei protokollieren
Get-ChildItem -Path 'gibtesnicht',$HOME  *> all-streams-log.txt
```

Seit PowerShell 5 gibt es mit dem *Information Stream* die Möglichkeit, weiterführende Informationen zu übermitteln, die jedoch explizit sichtbar gemacht werden müssen – im Grunde ähnlich zu `Write-Verbose` und dem *Verbose Stream*.

```
# "Nicht sichtbare" Informationen erzeugen
Write-Information -MessageData (Get-Date)

# Information Stream in eine Datei umleiten
Write-Information -MessageData (Get-Date) 6> 'information.txt'

# Information Stream mit der Standardausgabe (Success)
kombinieren
Write-Information -MessageData (Get-Date) 6>&1
```

Eine Reihe von automatischen Variablen bestimmt das Laufzeitverhalten und die Sichtbarkeit der Streams, siehe Tabelle 9-3. Sie können die Werte zur Laufzeit ändern oder die allgemeinen Parameter der Cmdlets nutzen.

Tabelle 9-3: Laufzeitverhalten von Streams

Variable	Standardwert
`$ErrorActionPreference`	`Continue`
`$WarningPreference`	`Continue`
`$VerbosePreference`	`SilentlyContinue`
`$DebugPreference`	`SilentlyContinue`
`$InformationPreference`	`SilentlyContinue`

Weitere Informationen finden Sie in der Hilfe:
`help about_Redirection`
`help about_Preference_Variables`

Write-Host

Das Cmdlet `Write-Host` ist prädestiniert dafür, ungewollte Effekte im eigenen Skriptcode zu erzeugen. Auf den ersten Blick lockt `Write-Host` mit der einfachen Möglichkeit, Ausgaben farblich hervorzuheben.

```
Get-Date | Write-Host -ForegroundColor Yellow
```

Auf den zweiten Blick fällt auf, dass die gewohnte Umleitung in eine (Log-)Datei oder das Speichern des Ergebnisses in eine Variable misslingt.

```
# Vorsicht, Falle: Dies funktioniert NICHT!
$date = Get-Date | Write-Host -ForegroundColor Yellow
Get-Date | Write-Host | Out-File -FilePath 'log.txt'
```

Fatalerweise macht `Write-Host` exakt das, was der Name verspricht: Es gibt Text unter Umgehung des Streams-Mechanismus unmittelbar an den Hostprozess weiter. Sie schreiben somit direkt auf die *Console*, was Sie in gleicher Weise auch mit dem folgenden Code tun können.

```
[Console]::WriteLine((Get-Date))
```

Sie verlassen in beiden Fällen den vorgegebenen Pfad der Datenverarbeitung. Sie umgehen das Pipelining ebenso wie das Zuweisen von Werten zu Variablen. Wenn Sie exakt dies wollen, verwenden Sie `Write-Host` in der von den Entwicklern ursprünglich angedachten Weise.

In jedem anderen Fall sollten Sie auf `Write-Host` verzichten. Um Ausgaben hervorzuheben, eignen sich `Write-Warning`, `Write-Error`, `Write-Verbose` und `Write-Debug` besser. Um Text auszugeben, benötigen Sie keinerlei Cmdlet. Wenn Sie zwingend ein Cmdlet verwenden wollen, ist `Write-Output` der richtige Kandidat. Leider kennt `Write-Output` keine Farben und erfreut sich somit geringer Beliebtheit.

```
'Hallo Welt!'
Write-Output -InputObject 'Hallo Welt!'
```

Es gibt jedoch noch einen weiteren Pferdefuß: Mit PowerShell 5 wurde der *Information Stream* (Stream 6) eingeführt. Seither lassen sich die Ausgaben von `Write-Host` analog zu `Write-Information` sehr wohl weiterverarbeiten und umleiten, aber auf eine wenig intuitive Art.

```
$result = Write-Host -Object (Get-Date) 6>&1
Write-Host -Object 'Hallo Welt!' 6> 'information.txt'
```

Ohne die Umleitung des *Information Stream* gibt `Write-Host` aus Gründen der Abwärtskompatibilität nach wie vor Text auf der Konsole aus – im Gegensatz zu `Write-Information`, sodass ein signifikanter Unterschied zwischen diesen beiden Cmdlets gegeben ist.

KAPITEL 10

Den Funktionsumfang der PowerShell erweitern

Es mag hilfreich sein, sich die PowerShell als Werkbank vorzustellen. An diesem speziellen Arbeitsplatz, der *Shell*, liegen einige Basiswerkzeuge, *Operatoren* genannt, bereit, die jedoch erst mit den Werkstoffen, den *Objekten*, ihren Nutzen entfalten. Das Betriebssystem und die installierten Applikationen (einschließlich Anwendungsservern wie *Microsoft Exchange*, *Microsoft System Center* etc.) sowie Coderepositories liefern den Programmcode, den Sie schlussendlich mittels PowerShell-Befehlen, den *Cmdlets*, und eigenen Funktionen ausführen.

Snap-ins und Module

Die PowerShell lässt sich durch Plug-ins erweitern. In Version 1 hießen diese Erweiterungen *Snap-ins*, mit PowerShell 2 wurden *Module* eingeführt. Snap-ins können ausschließlich in den (Windows-)PowerShell-Versionen 1 bis 5 genutzt werden, PowerShell 2+ erlaubt den Einsatz von Modulen.

Obgleich Snap-ins in PowerShell 7 nicht mehr unterstützt werden, lohnt sich ein Blick auf diese Erweiterungsoption, da einige wichtige Produkte nach wie vor Snap-ins bereitstellen. Microsoft Exchange ist ein prominenter Vertreter dieser Gattung.

Snap-ins

Um neue Snap-ins auf dem eigenen Rechner verwenden zu können, ist in der Regel eine Installationsroutine des Softwareherstellers zu durchlaufen. Durch diese werden die entsprechenden Libraries, die typischerweise in Form von DLLs vorliegen, auf dem Rechner systemweit registriert, wozu administrative Rechte benötigt werden. Microsoft Exchange bietet hierzu die Installationsoption *Management Tools* (Verwaltungstools), wenn Sie die Installationsroutine durchlaufen. Dieser Programmbestandteil kann auch auf einem Windows-10-Client installiert werden und stellt unter anderem die Snap-ins für Exchange bereit.

```
# Snap-ins auflisten in Windows PowerShell 1 bis 5
Get-PSSnapin
Get-PSSnapin -Registered

# Snap-ins laden in Windows PowerShell 1 bis 5
Add-PSSnapin -Name <Name>
Get-PSSnapin -Registered | Add-PSSnapin
```

Snap-ins müssen explizit in den Speicher geladen werden, erst dann können Sie die enthaltenen Cmdlets verwenden. Um diesen Vorgang zu vereinfachen, bietet Microsoft Exchange ein Startskript, das beim Start der PowerShell verarbeitet werden kann. Lesen Sie mehr dazu im Abschnitt »Microsoft Exchange« auf Seite 161.

Module

Module können, wie Snap-ins, einzelne Cmdlets, ganze Sammlungen von Cmdlets oder sogar einen eigenen Provider enthalten, aber auch Funktionen, eigene Typdefinitionen und andere Erweiterungen. Anders als Snap-ins müssen Module nicht auf dem Weg einer Installation auf dem Rechner bereitgestellt werden, sondern können durch einfaches Kopieren in den entsprechenden Modulordner verteilt werden. Die PowerShell durchsucht automatisch all jene Ordner nach Modulen (und den darin exportierten Befehlen), die in der Umgebungsvariablen `PSModulePath` hinterlegt sind.

```
# Die Ausgabe der PSModulePath-Variable
# in PowerShell 7 unter Windows
$env:PSModulePath.split(';')
C:\Users\<username>\Documents\PowerShell\Modules
C:\Program Files\PowerShell\Modules
c:\program files\powershell\7\Modules
C:\Program Files\WindowsPowerShell\Modules
C:\WINDOWS\system32\WindowsPowerShell\v1.0\Modules
```

Diese Variable enthält unter anderem den Pfad zum persönlichen Modulordner des angemeldeten Benutzers, das ist die erste ausgegebene Zeile im Listing oben. Neue Verzeichnisse und Dateien können dort auch ohne administrative Rechte angelegt werden. Anders bei den systemweiten Pfaden: Dort benötigen Sie, wie üblich, administrative Rechte, um Änderungen vorzunehmen.

Beachten Sie die beiden letzten Zeilen im Listing oben: Diese Pfade gehören originär zur Windows PowerShell, in Linux und macOS werden Sie keine vergleichbaren Pfade finden. Sie werden in PowerShell 7 unter Windows eingebunden, um standardmäßig all jene Module *sichtbar* zu machen, die Teil von Windows bzw. Teil der Windows PowerShell sind oder mittels der Windows PowerShell nachträglich bereitgestellt wurden. Vergleichen Sie einmal, welche Ordnerpfade angezeigt werden, wenn Sie sich in der Windows PowerShell die gleiche Umgebungsvariable ausgeben lassen.

Module bestehen aus einer simplen Ordnerstruktur, in der ein sogenanntes *Manifest*, eine **.psd1*-Datei, Metadaten bereithält: Name, Version, Autor, exportierte Cmdlets und vieles mehr. Aufgrund dieser Informationen findet die PowerShell enthaltene Befehle (Cmdlets, Aliasse) und lädt automatisch bei der ersten Verwendung das korrespondierende Modul.

```
# Module verwalten
Get-Module
Get-Module -ListAvailable

# Ein Modul explizit laden
Import-Module -Name Microsoft.PowerShell.Utility

# Ein (eigenes) Modul erneut laden, falls Änderungen
# am Programmcode erfolgt sind
Import-Module -Name '.\HalloWelt\' -force
```

Seit PowerShell 3 ist das explizite Laden von Modulen nur dann erforderlich, wenn das Modul außerhalb der Suchpfade gespeichert oder mithilfe der `$PSModuleAutoloadingPreference`-Variablen deaktiviert wurde. Siehe auch: `help about_Preference_Variables`.

`Import-Module -force` lädt ein bereits geladenes Modul neu – wichtig bei der Fehlersuche und dem Testen eigener Module. `Import-`

`Module` lädt auch Skriptdateien in Form von **.ps1*- und **.psm1*-Dateien. Sie können in diesen Dateien eigene Funktionen hinterlegen, die Ihnen nach dem Laden zur Laufzeit der PowerShell zur Verfügung stehen, analog dem Dot-Sourcing. Mehr dazu erfahren Sie in Kapitel 11, *Vom Skript zum Modul*.

Module können durch das Manifest Mindestanforderungen vorgeben. Die Variable `CompatiblePSEditions` sollte Aufschluss über die Kompatibilität zu PowerShell 6 und 7 (Core) in Abgrenzung zu Windows PowerShell 1 bis 5 (Desktop) geben, ist aber in vielen Manifesten nicht gesetzt, die Deklaration ist optional. Die Begriffe *Core* und *Desktop* gehen in diesem Kontext auf das .NET Framework zurück: Ist das Modul .NET-Framework-Core-kompatibel (entspricht Core), oder wurde es ausschließlich für Windows entwickelt und erfordert das klassische .NET Framework (entspricht Desktop)?

Irreführenderweise zeigt der Befehl `Get-Module -ListAvailable` in der Standardausgabe auch dann den Eintrag `Desk` (abgekürzt für Desktop), wenn dieser Eintrag im Manifest gar nicht gesetzt ist. Besonders deutlich wird dieser Fehler, wenn man den Befehl unter Linux oder macOS aufruft. Unter diesen Betriebssystemen kann kein Modul lauffähig sein, das de facto lediglich zu (Windows) PowerShell 1 bis 5 kompatibel ist.

Da dieser Fehler nur in der Standardausgabe auftritt, können Sie die korrekte Ausgabe erzwingen, indem Sie die Eigenschaft `CompatiblePSEditions` explizit ausgeben lassen. Abbildungen 10-1 und 10-2 zeigen den Effekt.

Sie können den Namen des Moduls dem Cmdlet-Namen voranstellen und auf diese Weise möglichen Namenskonflikten ausweichen. Wenn Sie den Funktionsumfang der PowerShell erweitern, können ansonsten schnell Doppeldeutigkeiten entstehen. Lesen Sie mehr dazu im Abschnitt »Die PowerShell Gallery« auf Seite 94.

```
# Module-qualified names
Microsoft.PowerShell.Utility\Get-Uptime

Microsoft.PowerShell.Management\Get-Item
  -Path 'helloworld.ps1'
```

```
PS /> Get-Module -ListAvailable | Sort-Object -Property CompatiblePSEditions

    Directory: /opt/microsoft/powershell/7/Modules

ModuleType Version    PreRelease Name                                PSEdition
---------- -------    ---------- ----                                ---------
Manifest   1.2.5                 Microsoft.PowerShell.Archive        Desk
Script     1.4.6                 PackageManagement                   Desk
Script     2.2.4                 PowerShellGet                       Desk
Script     2.0.0                 PSReadLine                          Desk
Binary     2.0.3                 ThreadJob                           Desk
Manifest   7.0.0.0               Microsoft.PowerShell.Host           Core
Manifest   7.0.0.0               Microsoft.PowerShell.Management     Core
Manifest   7.0.0.0               Microsoft.PowerShell.Security       Core
Manifest   7.0.0.0               Microsoft.PowerShell.Utility        Core
Script     2.0.5                 PSDesiredStateConfiguration         Core
```

Abbildung 10-1: Fehlerhafte Ausgabe der PSEdition (unter Debian Linux 7)

```
PS /> Get-Module -ListAvailable | Sort-Object -Property CompatiblePSEditions |
>>    Format-Table -Property ModuleType,Version,PreRelease,Name,CompatiblePSEditions

ModuleType Version PreRelease Name                                CompatiblePSEditions
---------- ------- ---------- ----                                --------------------
  Manifest 1.2.5              Microsoft.PowerShell.Archive        {}
    Script 1.4.6              PackageManagement                   {}
    Script 2.2.4              PowerShellGet                       {}
    Script 2.0.0              PSReadLine                          {}
    Binary 2.0.3              ThreadJob                           {}
  Manifest 7.0.0.0            Microsoft.PowerShell.Host           {Core}
  Manifest 7.0.0.0            Microsoft.PowerShell.Management     {Core}
  Manifest 7.0.0.0            Microsoft.PowerShell.Security       {Core}
  Manifest 7.0.0.0            Microsoft.PowerShell.Utility        {Core}
    Script 2.0.5              PSDesiredStateConfiguration         {Core}
```

Abbildung 10-2: Korrekte Ausgabe der PSEdition (unter Debian Linux 7)

RSAT

Windows-Server-Editionen enthalten zahlreiche Programme, *Roles and Features* (Rollen und Features) genannt, deren Serverkomponenten nicht zum Funktionsumfang von Windows-Clients gehören. Durch die Installation der *Remote Server Administration Tools* (RSAT) können Sie jedoch die Verwaltungswerkzeuge auf dem Client nachrüsten. Sie ergänzen damit nicht nur die zur Verfügung stehenden grafischen Verwaltungswerkzeuge, sondern Sie erweitern auch den Funktionsumfang der PowerShell.

```
# Installation der RSAT in Windows 10 v1809 und später
Get-WindowsCapability -Online -Name rsat.*
Add-WindowsCapability -Online -Name
  'Rsat.ActiveDirectory.DS-LDS.Tools~~~~0.0.1.0'

# Auswahl und Installation mittels Pipelining
Get-WindowsCapability -Online -Name rsat.* |
  Out-GridView -PassThru | Add-WindowsCapability -online
```

Vor der Veröffentlichung von Windows 10 v1809 wurden die RSAT als herunterladbares MSI-Paket auf den Webseiten von Microsoft angeboten. Dort stehen sie noch immer für *ältere* Clients bereit: *https://www.microsoft.com/de-DE/download/details.aspx?id=45520.*

Beachten Sie, dass die jeweils aktuelle Version der RSAT auf dem Stand des korrespondierenden Server-Release ist. Es ergeben sich zwangsläufig kleine Fallstricke, wenn Sie ältere Server mit den neueren RSAT verwalten. Möglicherweise kennt Ihr Server jenes Feature noch nicht, das Sie mit den Werkzeugen auf der Clientseite verwalten können. Ihre Skripte wollen gut getestet sein. Eine Alternative zur Installation der RSAT ist das *Implicit Remoting*, das wir in Kapitel 15, *Entfernte Rechner verwalten*, erläutern.

Paketverwaltung

Seit Version 5 integriert die PowerShell zwei eng verwandte Module zur Paketverwaltung: `PowerShellGet` und `PackageManagement`. In Kombination mit einem zentralen Softwarerepository wie der PowerShell Gallery (*https://www.powershellgallery.com*) sind Erweiterungen für die PowerShell recht einfach zu installieren und zu aktualisieren.

Aus historischen Gründen umfassen die in Windows integrierte PowerShell 5 und die PowerShell 7 unterschiedliche Modulversionen und Provider. Deutlich wird dies, wenn Sie die nachfolgenden Befehle in den verschiedenen PowerShell-Versionen ausführen.

```
# Softwareverteilung: Module, Provider, Repositories
Get-Module -ListAvailable -Name PackageManagement,
PowerShellGet
Get-PackageProvider
Get-PSRepository
```

Der Unterbau: OneGet und NuGet

Die genannten Module gehen auf das Open-Source-Projekt *OneGet* zurück, das das Ziel eines universellen Paketverwaltungssystems für Windows verfolgt(e). OneGet ist nicht als Paketverwaltungssoftware implementiert, die unmittelbar Software installiert, sondern bietet eine einheitliche Schnittstelle (API, Cmdlets) zur Integration unterschiedlicher Paketverwaltungen. Ziel war es, dass der Anwender mit denselben Befehlen unterschiedliche Softwaredepots nutzen kann, ohne die spezifischen Anforderungen der dahinterliegenden Dienste zu durchdringen.

Der Provider *NuGet* ist das Bindeglied zwischen der Paketverwaltung des Betriebssystems und einer Paketquelle wie der *PowerShell Gallery* (PSGallery). NuGet ist ein Paketmanager, der ursprünglich als Ergänzung zu Visual Studio entwickelt wurde. Der NuGet-Provider muss bei der ersten Verwendung eines abhängigen Cmdlets in der Windows PowerShell 5 installiert werden, in PowerShell 6+ ist der Provider bereits integriert.

PowerShellGet 3.0 ist eine vollständige Neuentwicklung. Geschrieben in C# (die vorhergehenden Versionen waren als PowerShell-Skripte implementiert), kehrt die neue Version dem alten Providermodell den Rücken. Abhängigkeiten von OneGet und NuGet wurden entfernt, die Codebasis wurde vereinfacht. Zum Zeitpunkt der Veröffentlichung dieses Buchs ist PowerShellGet 3.0 als Vorabversion erschienen.

WinGet

In 2020 hat Microsoft eine Vorabversion des Windows Package Manager (*https://aka.ms/AppInstaller_InsiderProgram*), *winget.exe*, vorgestellt, ein Kommandozeilenwerk, mit dem sich Anwendungssoftware verwalten lässt – vergleichbar mit den beliebten Paketmanagern in Linux (apt, yum etc.).

```
winget search vscode
winget install Microsoft.VisualStudioCode
--exact
```

WinGet kennt keine Abhängigkeiten zu NuGet, zur PowerShell oder den Modulen der Paketverwaltung – anders als Community-Lösungen wie *Chocolatey*. Es ist zu erwarten, dass die Idee eines gemeinsamen Frameworks für die Softwareverteilung damit hinfällig ist.

Erste Schritte: Aktualisieren und Konfigurieren

Wenn Sie das neueste Release der PowerShell 7 installiert haben, müssten Sie die jeweils aktuelle Version der Paketverwaltung bereits an Bord haben. Dies gilt aber nicht für Windows PowerShell 5, sodass Sie dort zunächst einige Aktualisierungen vornehmen sollten, sofern Sie Windows PowerShell 5 parallel zu PowerShell 7 verwenden wollen.

```
# Windows PowerShell 5:  Aktualisieren der Paketverwaltung
Install-PackageProvider Nuget -Force
Set-PSRepository -Name PSGallery -InstallationPolicy Trusted
Install-Module -Name PowerShellGet, PackageManagement -Force

# Installation eines Moduls aus der PSGallery
Find-Module -Name AzureAD
Install-Module -Name AzureAD -Scope AllUsers
```

Die PowerShell Gallery

Die Cmdlets des Moduls `PowerShellGet` erlauben Ihnen den komfortablen Zugriff auf Coderepositories, allen voran auf die PSGallery, Microsofts zentralen Anlaufpunkt für PowerShell-Erweiterungen. Sie können weitere Paketquellen hinzufügen, auch eigene. Das Herunterladen von Software aus einem öffentlichen Repository birgt grundsätzlich Gefahren. Obgleich Microsoft im Fall der PowerShell Gallery die veröffentlichten Lösungen (automatisiert) prüft, bleibt ein Risiko bestehen. Konsequenterweise warnt die PowerShell Sie vor diesen Gefahren. Im Listing oben haben wir der PSGallery mittels `Set-PSRepository -Name PSGallery -InstallationPolicy Trusted` unser Vertrauen ausgesprochen, sodass wir nachfolgend nicht mehr beständig gewarnt werden. Diesen Befehl sollten Sie in PowerShell 7 ebenfalls einmalig ausführen.

Mit dem Befehl `Find-Module` verschaffen Sie sich einen Überblick über die angebotenen Module, mit `Install-Module`, `Save-Module` und `Update-Module` laden Sie eine gewünschte Erweiterung herunter und stellen sie bereit. Mit `Get-InstalledModule` listen Sie all jene Erweiterungen auf, die Sie bereits heruntergeladen haben. Analog verfahren Sie mit Skripten und DSC-Ressourcen, die ebenfalls in der Gallery veröffentlicht werden. Im Abschnitt »Installation von Visual Studio Code« auf Seite 22 haben Sie bereits ein Beispiel hierfür kennengelernt: `Install-VSCode`

```
# Suche in der PSGallery: Module
Find-Module -Repository 'PSGallery' -Name 'PowerShellGet'
  -AllowPrerelease -AllVersions

Find-Module -Repository 'PSGallery'
  -Tag 'MacOS','PSEdition_Core'

Find-Module -Repository 'PSGallery' -Tag 'PSEdition_Core'
  -Name 'AWS*'

Find-Module -Command 'Out-ConsoleGridView' |
  Select-Object -ExpandProperty AdditionalMetadata

# Suche in der PSGallery: DSC-Ressourcen
Find-Module -Repository PSGallery -name '*ActiveDirectory'
  -Includes DscResource

Find-DscResource -Name xADDomain

# Suche in der PSGallery: Skripte
Find-Script -Repository 'PSGallery'  -Name 'Install-*'

Find-Script -Name 'Install-VSCode' |
  Select-Object -ExpandProperty AdditionalMetadata
```

Ohne Angabe des Repositories werden alle registrierten Paketquellen durchsucht. Mit dem Parameter `-tag` sucht man nach Stichwörtern in den Metadaten, die der Autor des Moduls hinterlegt hat. Hierbei kennzeichnen die Begriffe `PSEdition_Core` (PowerShell 6+) und `PSEdition_Desktop` (Windows PowerShell 2 bis 5) die Kompatibilität des Moduls. Allgemein sollten Sie vorsichtig mit den Metadaten sein: Fast alle Einträge sind von den Autoren frei wählbar, sodass es durchaus mühselig sein kann, die richtigen Suchbegriffe zu finden.

Die Webseite der PowerShell-Gallery, zu sehen in Abbildung 10-3, bietet einige Vereinfachungen gegenüber den Cmdlets, sodass es durchaus legitim ist, sich zunächst dort einen Überblick zu beschaffen. Mit Version 3 des `PowerShellGet`-Moduls werden die Kommandozeilenoptionen verbessert, und es wird eine Reihe neuer Cmdlets eingeführt.

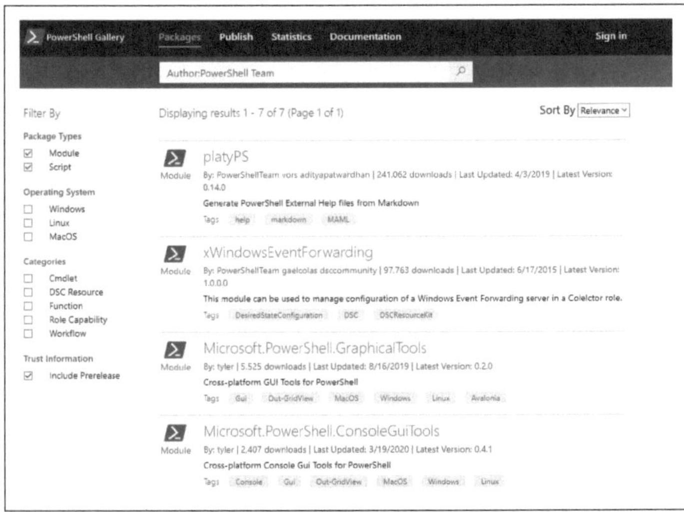

Abbildung 10-3: Die PowerShell Gallery

Beachten Sie, dass Module in mehreren Versionen auf Ihrem Computer hinterlegt sein können. Entgegen dem, was der Name suggeriert, holt Ihnen `Update-Module` zwar eine neue Version des gewünschten Moduls auf den Rechner, löscht aber *nicht* die alte Version. Dies kann durchaus zu Problemen führen, insbesondere wenn das gleiche Modul sowohl im *User-* als auch im *AllUsers-Scope* installiert wurde. Die PowerShell lädt leider nicht immer die neueste Version, sie lädt jene Version, die sie ausweislich der Umgebungsvariablen `$env:PSModulePath` als Erstes findet! Es zählt hier also die Reihenfolge, in der die Ordner in der Umgebungsvariablen aufgeführt sind. Nur wenn im selben Pfad verschiedene Versionen verfügbar sind, wird die jeweils aktuellste geladen.

```
# Bereitstellen
Install-Module -Name 'Microsoft.PowerShell.ConsoleGuiTools'
  -MaximumVersion 0.3.0 -Scope CurrentUser

# Aktualisieren
Update-Module -Name 'Microsoft.PowerShell.ConsoleGuiTools'

# Entfernen
Get-InstalledModule -Name
'Microsoft.PowerShell.ConsoleGuiTools' -AllVersions
Uninstall-Module
  -Name 'Microsoft.PowerShell.ConsoleGuiTools'
    -RequiredVersion 0.3.0

# Alle Module, die mittels Paketmanagement installiert wurden,
"aktualisieren"
Get-InstalledModule | Update-Module
```

Im Alltag entsteht die größte Herausforderung in jenen Momenten, in denen Sie Windows PowerShell 5 und PowerShell 7 im Wechsel benutzen. Denn prinzipiell verfügen beide PowerShell-Generationen über ihre vollkommen eigenständige Paketverwaltung. Wenn Sie also ein Modul in PowerShell 7 installiert haben, steht es Ihnen nicht in Windows PowerShell 5 zur Verfügung. Sie würden es also erneut installieren, sodass sich schnell etliche Kopien des gleichen Moduls auf Ihrem Rechner befinden werden – die irgendwann durch neue Versionen ersetzt und aktualisiert werden müssen.

Leider wird alles noch etwas undurchsichtiger dadurch, dass im umgekehrten Fall – Sie installieren ein Modul mittels Windows PowerShell 5 – dieses Modul sehr wohl für PowerShell 7 sichtbar sein kann. Dies liegt erneut an der Umgebungsvariablen `$env:PSModulePath`, die für PowerShell 7 unter Windows einen Teil der Suchpfade der Windows PowerShell 5 einschließt. Sie sehen also ein zuvor installiertes Modul, Sie können es aber in einem solchen Fall nicht aktualisieren. Weitere Informationen hierzu finden Sie auch in Kapitel 20, *Neuerungen in PowerShell 7*.

Ein gemeinsames Modulverzeichnis

Sofern Sie die alte und die neue Generation der PowerShell parallel verwenden (müssen), entsteht in Windeseile ein chaotisches Nebeneinander unzähliger Module und Versionen. Wollen Sie das verhindern, ist ein *gemeinsames Modulverzeichnis* (für all jene Module, die Sie aus der PSGallery herunterladen) eine sinnvolle Idee. De facto sind viele populäre Module, wie die Azure-Erweiterungen, sowohl in der Windows PowerShell als auch in PowerShell 7 lauffähig. Und sollte dies einmal nicht der Fall sein, würden Sie spätestens beim Laden einen entsprechenden Hinweis erhalten – ein Schaden entsteht nicht.

Für ein gemeinsames Modulverzeichnis bieten sich benutzerspezifische Modulpfade an. So beschränken Sie Ihre Anpassungen auf ein Minimum, Betriebssystem und Systemverzeichnisse lassen Sie unberührt. Sie können zu diesem Zweck die Umgebungsvariablen neu setzen, der vielleicht noch einfachere Weg führt über Verzeichnisverbindungen.

```
# Einen gemeinsamen Modulordner anlegen (für Windows)
New-Item -Path 'c:\ps'

New-Item -ItemType Junction
  -Path "$home\Documents\PowerShell" -Value 'C:\ps\'

New-Item -ItemType Junction
  -Path "$home\Documents\WindowsPowerShell" -Value 'C:\ps'
```

Auf einem neu installierten System existieren die oben genannten Verzeichnisse noch nicht, sodass Sie diese Befehle konfliktfrei ausführen können. Es gibt aber noch einen Schönheitsfehler: `Install-Module` und `Install-Script` hinterlegen die Erweiterungen in PowerShell 7 standardmäßig im Benutzerkontext, die Windows PowerShell im Computerkontext. Sie können dies natürlich jederzeit mit dem Parameter `-scope` modifizieren, aber im Alltag vergisst man das leicht. Abhilfe schafft das nachfolgende Listing: Ändern Sie einfach das Standardverhalten des Cmdlets in der Windows PowerShell 5! Ergänzen Sie die Codezeilen in einer Ihrer Profildateien[1].

1 Mehr über Profildateien erfahren Sie im Abschnitt »Profile« auf Seite 105.

```
# Für die Windows PowerShell 5: Ändern des Standardverhaltens
$PSDefaultParameterValues = @{
 'Install-Module:Scope'='CurrentUser'
 'Install-Script:Scope'='CurrentUser'
 }
```

Es gibt vielfältige Möglichkeiten, diese Probleme zu adressieren. Probieren Sie aus, was für Sie am besten passt. Und nehmen Sie dies einfach als Idee.

Ein eigenes Repository nutzen

Wenn Sie im Unternehmen eine Vielzahl an eigenen Skripten und Modulen verwenden, können Sie ein eigenes Repository einrichten. Das ist im einfachsten Fall mit drei Zeilen PowerShell-Code erledigt und bietet sich ebenso für den Fall an, dass Sie aus Sicherheitserwägungen keinen Zugriff auf öffentliche Galerien erlauben.

```
# Eine Freigabe erstellen (für Windows)
New-Item -ItemType Directory -Path 'C:\CompanyRepo'
New-SmbShare -Path 'C:\CompanyRepo' -Name 'CompanyRepo'
  -ChangeAccess 'RepoAdmins' -ReadAccess 'RepoUsers'

# Eigenes Repository erzeugen, eigenes Modul veröffentlichen:
Register-PSRepository -Name 'CompanyRepo'
  -SourceLocation '\\sv1\CompanyRepo'
  -InstallationPolicy Trusted
Publish-Module -Path '.\MyModule' -Repository 'CompanyRepo'
```

Das Beispiel oben beschreibt eine einfache Konfiguration für Windows. Anstelle einer Dateifreigabe können Sie auch einen NuGet-kompatiblen Webserver betreiben, der unmittelbar von allen unterstützten Betriebssystemen genutzt werden kann. Ein Beispiel finden Sie in den Hilfedokumenten: `help Publish-Module`

KAPITEL 11

Vom Skript zum Modul

Die PowerShell eignet sich ebenso zur interaktiven Befehlseingabe wie zur Entwicklung komplexer Skripte. Wie Sie die PowerShell um Lösungen Dritter erweitern, haben Sie bereits in Kapitel 10, Den Funktionsumfang der PowerShell erweitern, kennengelernt. Im Folgenden geht es vorrangig um die Entwicklung eigener Lösungen.

Execution Policies (Ausführungsrichtlinien)

Das PowerShell-Team hat einige Anstrengungen unternommen, unbedarfte Anwender »vor sich selbst zu schützen«. Klickt man doppelt auf eine PowerShell-Skriptdatei (**.ps1*), öffnet sich standardmäßig ein einfacher Texteditor. Ruft man in einem Terminal den Namen der Skriptdatei auf, definiert eine Ausführungsrichtlinie, ob das Skript gestartet werden kann.

```
# Alle Ausführungsrichtlinien auflisten
Get-ExecutionPolicy -List

# Nur die effektive Richtlinie auflisten
Get-ExecutionPolicy
```

Tabelle 11-1: Bereiche der Ausführungsrichtlinie

Rangfolge	Scope	Definition
1	`MachinePolicy`	Gruppenrichtlinienbasierte Einstellung für alle Benutzer
2	`UserPolicy`	Gruppenrichtlinienbasierte Einstellung für den aktuellen Benutzer
3	`Process`	Einstellung für die aktuelle PowerShell-Sitzung, reflektiert die Umgebungsvariable `$env:PSExecutionPolicyPreference`

Tabelle 11-1: Bereiche der Ausführungsrichtlinie (Fortsetzung)

Rangfolge	Scope	Definition
4	`CurrentUser`	Einstellung für den aktuellen Anwender
5	`LocalMachine`	Einstellung für alle Anwender

Die Richtlinien sind kein echtes Sicherheitsfeature. Dennoch können sie leicht zu Verwirrung führen, da die Konfiguration ab Werk einerseits von der PowerShell-Version abhängig ist, andererseits von dem verwendeten Betriebssystem! Betrachten wir in Tabelle 11-2 zunächst einmal die verfügbaren Richtlinien und ihre Bedeutung.

Tabelle 11-2: Ausführungsrichtlinien

Richtlinie	Bedeutung
`AllSigned`	Skripte müssen von einem vertrauenswürdigen Zertifikat signiert worden sein. Bei der ersten Verwendung muss der Herausgeber bestätigt werden.
`Bypass`	Keine Beschränkungen.
`Default`	`Restricted` für Windows-Clients, `RemoteSigned` für Windows-Server.
`RemoteSigned`	Blockiert die Ausführung, wenn ein Skript mit einem Alternate Data Stream markiert ist und aus einer nicht vertrauenswürdigen Zone stammt.
`Restricted`	Blockiert das Ausführen von Skripten und Konfigurationsdateien (**.ps1*, **.psm1*, **.ps1xml*).
`Undefined`	Platzhalter für *nicht gesetzt*. Vorsicht, Falle: Wenn alle Richtlinien auf `Undefined` gesetzt sind, wird das Ausführen blockiert.
`Unrestricted`	Keine Beschränkungen. Anders als bei `Bypass` wird der Anwender vor der Ausführung von Skripten gewarnt, wenn die Datei mit einem Alternate Data Stream markiert ist.

Das Ausführen von Skripten in PowerShell 7 ist in der Standardkonfiguration erlaubt. In Linux und macOS sind alle Richtlinien auf `Unrestricted` gesetzt, eine Änderung wird unter diesem Betriebssystem nicht unterstützt – obgleich die Cmdlets (unnötigerweise) verfügbar sind. Unter Windows ist in der PowerShell 7 nach der Installation ausschließlich die Richtlinie für `LocalMachine` auf `RemoteSigned` voreingestellt, in der Windows PowerShell 5 ist die Voreinstellung abhängig von dessen Rolle: Windows-Clients: `Restricted`, Windows-Server: `RemoteSigned`.

Sie können auch ohne administrative Berechtigungen die Richtlinien jederzeit anpassen.

```
# Keine administrativen Rechte erforderlich
Set-ExecutionPolicy -Scope CurrentUser
  -ExecutionPolicy Unrestricted

# Lokale administrative Rechte erforderlich
# Optional: -Scope LocalMachine -Force
Set-ExecutionPolicy -ExecutionPolicy AllSigned
```

Ausführungsrichtlinien unterliegen einer Rangfolge. Setzen Sie die Richtlinien wie im letzten Beispiel zueinander in Konkurrenz, gewinnt die Richtlinie, die in Tabelle 11-1 aufgeführt ist. Die benutzerspezifische Einstellung überschreibt demzufolge die Einstellung für alle Benutzer – es sei denn, diese wurde mittels einer Gruppenrichtlinie gesetzt.

Tipp

Unabhängig von den Einstellungen, die Sie mittels `ExecutionPolicy` definieren, können Sie die zu verwendende Richtlinie gleich beim Start der PowerShell mit übergeben. Wenn Sie ein Skript über die Aufgabenplanung starten, sind Sie damit auf der sicheren Seite.

```
pwsh.exe -executionPolicy ByPass -file
'skript.ps1'
```

Wenn Sie noch mehr über Tricks und Schliche im Umgang mit den Execution Policies erfahren wollen, sei Ihnen der nachfolgende Artikel empfohlen: *https://blog.netspi.com/15-ways-to-bypass-the-powershell-execution-policy/*.

Bleibt noch die Frage zu klären, wie die PowerShell feststellt, dass ein Skript von einer wenig vertrauenswürdigen Internetseite heruntergeladen wurde.

In Abbildung 11-1 sehen Sie einen Warnhinweis: »This file came from another computer ...« Wenn Sie unter Windows mit einem Browser eine Datei herunterladen, erzeugt der Browser in Abhängigkeit vom Internetzonenmodell eine zugeordnete Datenstruktur, einen *Alternate Data Stream*, der Aufschluss über die Quelle gibt. Die `ZoneId` (siehe Abbildung 11-2) spiegelt die Internetzone gemäß der Systemsteuerung wider. Laden Sie eine Datei mit den Web-Cmdlets `Invoke-WebRequest` und `Invoke-RestMethod` herunter, wird kein ADS erzeugt. Mit `Get-Item` und `Get-Content` können Sie diesen ADS sichtbar machen, mit `Unblock-File` entfernen Sie die Markierung.

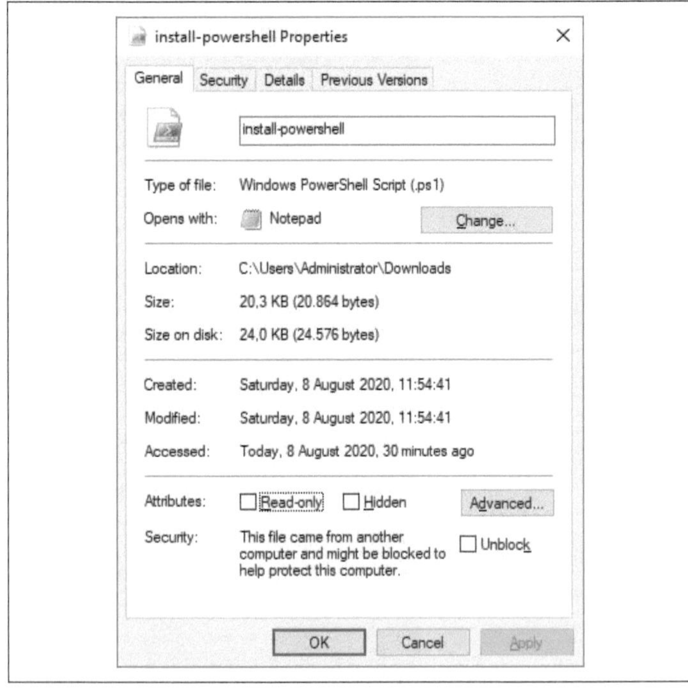

Abbildung 11-1: Alternate Data Stream im Windows-Explorer

```
# ADS finden, einsehen und löschen
Get-Item -Path '.\install-powershell.ps1' -Stream *

Get-Item -Path '.\install-powershell.ps1'
  -Stream Zone.Identifier

Get-Content -Path '.\install-powershell.ps1'
  -Stream Zone.Identifier

Unblock-File -Path '.\install-powershell.ps1'
```

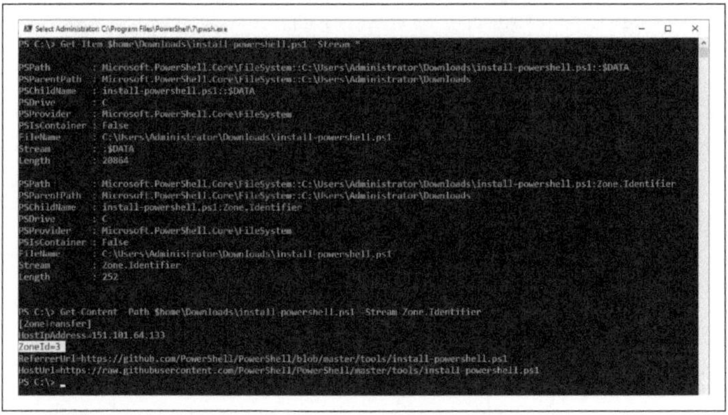

Abbildung 11-2: Alternate Data Stream in der PowerShell

Profile

Die PowerShell führt beim Start automatisch Skripte aus, sogenannte Profile. Mit jedem dieser Skripte können Sie, sofern vorhanden, Ihre Arbeitsumgebung anpassen. Sie können die Dateipfade über die Variable `$profile` einsehen. Alles was Sie in diesen Dateien angeben, führt die PowerShell aus, es sei denn, die Ausführungsrichtlinien unterbinden das.

Die PowerShell kennt Profile für den aktuellen und für alle Benutzer sowie für die jeweiligen Hostanwendungen: *pwsh.exe*, *Visual Studio Code*, *powershell.exe*, *ISE*.

- `$profile.AllUsersAllHosts`
- `$profile.AllUsersCurrentHost`
- `$profile.CurrentUserAllHosts`
- `$profile.CurrentUserCurrentHost` (auch: `$profile`)

Ein typischer Anwendungsfall ist das Modifizieren des Prompts.

```
# Das Prompt anpassen
function prompt {
  $env:COMPUTERNAME + ' PS ' + $(Get-Location) +
    "$('>' * ($nestedPromptLevel + 1)) "
}
```

Ein gemeinsames Profil für PowerShell 5 und 7

PowerShell 5 und 7 haben ihre ganz eigenen Profilpfade. Das ist grundsätzlich sinnvoll, kann aber auch lästig werden, wenn man die beiden Generationen im steten Wechsel benutzt. Wollen Sie gemeinsame Profileinstellungen verwenden, sollten Sie Ihre Konfigurationsdatei mittels *Dot-Sourcing* oder `Import-Module` laden. Diesen Aufruf können Sie in alle gewünschten Profildateien speichern.

```
. $home\myprofile.ps1
```

Alternativ könnten Sie die gewünschten Profile auch mit einer Dateisystemverknüpfung (siehe Kasten auf der nächsten Seite) verbinden, was jedoch eher als Workaround zu verstehen ist.

```
# Einen HardLink erzeugen
New-Item -ItemType HardLink
   -Path 'C:\Program Files\PowerShell\7\
     profile.ps1' -Value 'C:\Windows\
       System32\WindowsPowerShell\v1.0\
         profile.ps1'
```

Dateisystemverknüpfungen

Windows unterstützt im NTFS-Dateisystem Links auf zwei Weisen: `New-Item -Item Hardlink` und `New-Item -ItemType SymbolicLink`. Prinzipiell verweisen Sie mithilfe dieser Dateisystemverknüpfungen auf einen bereits existierenden Dateiinhalt, Sie erstellen an einem anderen Ort des Dateisystems eine zusätzliche Referenz auf eine bestehende Datei. Nehmen Sie Änderungen am Dateiinhalt vor, sind diese Änderungen unmittelbar sichtbar durch alle Links. Im Gegensatz zu Verknüpfungen, die Sie im Windows-Explorer grafisch anlegen, sind diese Links vollkommen transparent für Anwendungen. `HardLink` und `SymbolicLink` unterscheiden sich in Details: Hardlinks sind beschränkt auf dasselbe Laufwerk/Volume, SymbolicLinks erfordern administrative Rechte. Dateisystemverknüpfungen können Sie darüber hinaus auch für Ordner erstellen:

```
New-Item -ItemType Junction
```

Eigene Skripte schreiben

Wenn Sie Ihre Befehle zusammenpacken und wiederverwenden möchten, legen Sie diese am besten in Skripte und Funktionen ab. Ein Skript ist eine Textdatei mit der Dateierweiterung *ps1*, die eine Abfolge von PowerShell-Befehlen enthält. Eine Funktion ist ebenfalls eine Abfolge von PowerShell-Befehlen, sie wird aber normalerweise innerhalb eines Skripts eingesetzt, um dieses Skript in kleinere, besser verständliche Abschnitte aufzuteilen – ein Skript im Skript, wenn Sie so wollen.

Man kann Skripte sowohl durch einfaches Aufrufen als auch mittels Dot-Sourcing ausführen.

```
# Ausführen einer Skriptdatei
c:\ps\myscript.ps1       # absolute Pfadangabe
.\myscript.ps1           # relative Pfadangabe

# Der Call-Operator toleriert Leerschritte
& 'my script.ps1'
```

```
# Dot sourcing
. 'c:\ps\myscript.ps1'   # absolute Pfadangabe
. '.\myscript.ps1'       # relative Pfadangabe
```

Wird ein Skript aufgerufen, werden die Befehle ausgeführt, die sich darin befinden. Variablen und Funktionen, die in dem Skript erzeugt wurden, bleiben jedoch nicht erhalten, wenn das Skript endet, es sei denn, Sie haben dies explizit innerhalb Ihres Skripts mit einem sogenannten *Scope Modifier* festgelegt. Ein Skript definiert seinen eigenen Scope (Gültigkeitsbereich). Endet das Skript, verlieren die Elemente in diesem Scope ihre Gültigkeit, Variablen und Funktionen verschwinden.

Wird ein Skript über Dot-Sourcing aufgerufen, bleiben die im Skript festgelegten Variablen und Funktionen erhalten, nachdem sich das Skript beendet hat. Sie rufen dabei das Skript mithilfe des Punktoperators `.` und dem Skriptnamen auf. Achten Sie auf den Leerschritt zwischen diesen beiden Elementen. Mehr über Gültigkeitsbereiche lesen Sie in der Hilfe: `help about_Scopes`.

Haben Sie im Skriptnamen Sonderzeichen, wie zum Beispiel Leerschritte, verwendet, benötigen Sie Anführungszeichen zur Notation des Dateinamens. Diese Anführungszeichen verhindern nun aber die Ausführung des Skripts. An dieser Stelle hilft der Call-Operator `&`, das Skript zu starten.

Argumente übergeben

Die PowerShell bietet mehrere Möglichkeiten, wie Eingaben, die einem Skript übergeben werden, verarbeitet werden können. Wenn Sie auf die Kommandozeilenargumente über deren Position zugreifen möchten, verwenden Sie das Array `$args`, das in allen Skripten zur Verfügung steht:

```
$args[0]    # 1. Argument
$args[1]    # 2. Argument
$args.Count # Anzahl der Argumente
```

Wesentlicher mächtiger und besser lesbar sind jedoch sogenannte *Formalparameter*, die Sie mit einem `param()`-Block bilden.

```
# Formalparameter: allgemeine Form
param(
    [<TypName>] $VariablenName = <Standardwert>
)
```

Mit Formalparametern können Sie von einigen der vielen Vorteile der durchgängigen Kommandozeilen-Parsing-Engine der PowerShell profitieren. Die PowerShell bietet die Parameternamen genauso zur Autovervollständigung an, wie sie das in Cmdlets macht. Die Benutzer müssen lediglich genug von Ihrem Parameternamen eingeben, damit er eindeutig von den anderen Parametern unterschieden werden kann. Gibt der Benutzer den Parameternamen nicht an, weist die PowerShell die Eingabe anhand der Position der Parameter zu.

Geben Sie einen Typnamen an, stellt die PowerShell sicher, dass die Benutzereingabe auch diesem Typ entspricht. Geben Sie jedoch einen Standardwert an, nimmt die PowerShell diesen Wert, wenn der Benutzer für diesen Parameter keine Eingabe vornimmt. Die Parameterübergabe ist im Wesentlichen identisch mit der Übergabe der Funktionen. Im nachfolgenden Abschnitt zu einfachen und erweiterten Funktionen finden Sie eine Reihe von Beispielen.

Die automatische Variable `$MyInvocation` gibt Ihnen Informationen über den Kontext, in dem das Skript ausgeführt wurde, inklusive des vollständigen Dateinamens:`$MyInvocation.MyCommand.Source`.

Einfache und erweiterte Funktionen

Mit Funktionen können Sie Blöcke eng miteinander verwandter Befehle in einer einzigen Einheit zusammenfassen, auf die Sie über deren Namen zugreifen. Die Übergabe von Argumenten erfolgt analog zu Skripten, wie Sie im folgenden Beispiel sehen.

```
# Eine einfache Funktion
function mytop {
  param (
    [int] $Count = 10
  )
  Get-Process | Sort-Object -Property CPU -Descending |
    Select-Object -First $Count
}
mytop -Count 5
```

Der Rückgabewert einer Funktion entspricht stets der Ausgabe dieser Funktion. Im Beispiel oben geben wir jene x Prozesse aus, die die meiste CPU-Zeit verbrauchen. Speichern wir dies nun wiederum in eine Variable, enthält diese Variable eine Array mit einzelnen Objekten vom Typ `System.Diagnostics.Process`.

```
function mytop {..}
$results = mytop -Count 5
# Der Prozess mit dem höchsten CPU-Wert
$results[0]
```

Vorsicht, Falle: Write-Host innerhalb von Funktionen

Das Cmdlet `Write-Host` umgeht den Streams-Mechanismus der PowerShell und schreibt standardmäßig Text direkt auf die Konsole. Wenn Sie innerhalb einer Funktion mit `Write-Host` etwas ausgeben, wird dies zwar sichtbar – lässt sich aber nicht weiterverarbeiten. Der mit `Write-Host` angezeigte Text wird nicht als Rückgabewert der Funktion verarbeitet, gegebenenfalls erfassen Sie eine leere Menge als Ergebnis – was Sie in aller Regel so nicht beabsichtigen. Mehr erfahren Sie im Abschnitt »Ein- und Ausgabeumleitung: Streams« auf Seite 83 und dort insbesondere im Abschnitt »Write-Host« auf Seite 85.

Sie können mit Funktionsnamen Konflikte mit gleichnamigen Befehlen erzeugen. Hätte ich die Beispielfunktion »top« genannt, hätte meine Funktion Vorrang vor der Applikation, wie Sie in Linux und macOS gebräuchlich ist. Die Reihenfolge in solchen Konfliktfällen können Sie in der Hilfe nachschlagen:

```
help about_Command_Precedence
```

Seit PowerShell 2 können Sie eine erweiterte Syntax für Funktionen nutzen, durch die sie das Laufzeitverhalten *echter* Cmdlets übernehmen. Sogenannte *Advanced Functions*, geschrieben in der PowerShell-Skriptsprache, sind binären Cmdlets gleichgestellt. Viele Cmdlets, die Sie in den bisherigen Beispielen kennenlernten, sind als Advanced Functions implementiert, so zum Beispiel `Compress-Archive`.

Den Schlüssel dazu bietet Ihnen das Attribut CmdletBinding. Durch den Einsatz dieses Attributs werden Ihre Funktionen von der PowerShell wie Cmdlets behandelt. Sie deklarieren das Attribut, wie im folgenden Beispiel gezeigt, einfach im Anfangsbereich Ihrer eigenen Funktion vor der Parameterdefinition. Damit werden zahlreiche Automatismen für Ihre Funktion/Ihr Cmdlet verfügbar.

```
# Eine Advanced Function => ein Cmdlet
function ConvertFrom-UtcTime {
  [CmdletBinding()]
  Param (
    [Parameter(
      Mandatory,
      ValueFromPipeline = $true,
      ValueFromPipelineByPropertyName = $true
    )]
    [DateTime] $Time
  )
  Begin {}
  Process {
    $utc = [System.TimeZoneInfo]::FindSystemTimeZoneById('UTC')
    $local = [System.TimeZoneInfo]::Local
    [System.TimeZoneInfo]::ConvertTime($time, $utc, $local)
  }
  End {}
}

# Das neue Cmdlet aufrufen
ConvertFrom-UtcTime -Time '1961-04-12 06:17'
'1969-07-21 02:56','1961-04-12 06:17' | ConvertFrom-UtcTime
```

Im Parameterblock haben Sie nun die Möglichkeit, einen Parameter als verbindlich (Mandatory) zu kennzeichnen. Mit ValueFromPipeline und ValueFromPipelineByPropertyName erlauben Sie die Übergabe von Werten über die Pipeline – sowohl als einfache Werte (ValueFromPipeline), wie im Listing oben zu sehen ist, als auch in der Form strukturierter Daten. Die erforderliche Iteration definieren Sie über den Process-Block, die Blöcke Begin und End werden nur einmalig abgearbeitet und verbleiben in diesem Beispiel ohne Code. Sie können in einem solchen Fall diese beiden Blöcke entfernen.

Der Parameterblock prüft darüber hinaus den Datentyp. Übergeben Sie einen Wert, der nicht als Datumsobjekt interpretiert werden kann, bricht die Funktion unmittelbar mit einer Fehlermeldung ab.

Sie können nun noch zahlreiche weitere Angaben machen, die Ihre Funktion immer weiter an die Erwartungen der Anwender und die Gepflogenheiten der PowerShell heranbringen. Viele weitere Details finden Sie in der Hilfe unter `help about_Functions_Advanced`.

CmdletBinding ohne CmdletBinding

Sie können auf das `CmdletBinding`-Attribut verzichten. Wenn Ihre Funktion mindestens ein Parameterattribut enthält, wird sie ebenso als *Advanced Function* behandelt. Besser lesbar wird Ihre Code dadurch nicht.

Vom Cmdlet zum eigenen Modul

Wenn Sie eine erweiterte Funktion erstellt haben, ist es nur noch ein sehr kleiner Schritt zu einem eigenen Modul. Sie benötigen lediglich die passende Ordnerstruktur, eine Moduldatei (*.psm1*), die Ihre erweiterten Funktionen enthält, und abschließend ein sogenanntes Manifest (**.psd1*), das Sie mit dem Cmdlet `New-ModulManifest` erzeugen können.

```
# Ein eigenes Modul erstellen
$parameters = @{
  ModuleVersion = '0.1'
  PowerShellVersion = '5.0'
  CmdletsToExport = 'ConvertFrom-UtcTime'
  Author = 'Thorsten Butz'
  CompatiblePSEditions = 'Core','Desktop'
  RootModule = "$home\Documents\PowerShell\Modules\
    KurzUndGut\0.1\KurzUndGut.psm1"
  Path = "$home\Documents\PowerShell\Modules\
    KurzUndGut\0.1\KurzUndGut.psd1"
}
New-ModuleManifest @parameters
```

Mit `ModuleVersion` legen Sie die Versionsnummer Ihres Moduls fest, `PowerShellVersion` definiert die minimale PowerShell-Version, die Ihr Code erfordert, `CompatiblePSEditions` zeigt an, welche Power-

Shell-Generation Ihr Modul unterstützt. Alle weiteren Parameter sind selbsterklärend. Sie können jederzeit die Manifestdatei in einem Texteditor öffnen und Änderungen vornehmen. Alle Dateien liegen in diesem Beispiel unterhalb des Heimatverzeichnis in dieser Ordnerstruktur:

$home\Documents\PowerShell\Modules\ <Modulname>\<Version>.

Nun sollte der Aufruf des Funktionsnamens `ConvertFrom-UtcTime` reichen, um das Modul automatisch zu laden und Ihren Code auszuführen.

## KAPITEL 12

Eigene Datentypen und Klassen

Zu Beginn haben Sie in Kapitel 2, *Hallo PowerShell!*, gesehen, dass Sie in der PowerShell auf die Klassen des .NET Framework zurückgreifen können. Sie müssen es aber nicht dabei belassen, nur vorgefertigte Baupläne zu nutzen.

Rückgriff auf das .NET Framework

Beim Rückgriff auf das .NET Framework haben Sie eine ganze Reihe von Ausdrucksmöglichkeiten.

```
# Drei Wege, ein Ergebnis
New-Object -TypeName System.DateTime -ArgumentList 1961,4,12
[System.DateTime]::new(1961,4,12)
Get-Date -Date 1961-4-12
```

Sie werden sich bei der Lektüre dieses Buchs vermutlich schon einige Male über die etwas eigentümliche Syntax gewundert haben, sobald wir auf die Klassen des .NET Framework zurückgreifen. Allgemein werden die Klassen mit eckigen Klammern gekennzeichnet, was in gleicher Weise für die verkürzten Bezeichnungen gilt, die Sie im Abschnitt »Type Accelerator« auf Seite 50 bereits kennengelernt haben. Häufig finden sich dann doppelte Doppelpunkte in den Anweisungen, die spezielle Eigenschaften oder Methoden von der Klasse trennen. Dies sind *statische* Eigenschaften bzw. *statische* Methoden, wie im Beispiel oben: `[System.DateTime]::new()`.

Mit dem Adjektiv *statisch* bezeichnet man Eigenschaften und Methoden der Klasse selbst im Gegensatz zu Eigenschaften und Methoden der Instanzen, die wir mit einem einfachen Punkt vom Objekt trennen. Lassen Sie uns zum besseren Verständnis einige Beispiele betrachten.

```
# Statische Eigenschaften und Methoden
[System.DateTime]::MaxValue
[System.Math]::PI
[System.Math]::Round(10/9,2)

# Eigenschaften und Methoden einer Instanz
$date = [System.DateTime]::Now
$date.DayOfWeek
$date.ToUniversalTime()
```

Sie können die `System.DateTime`-Klasse befragen, was ihr größtmöglicher Wert ist. Ebenso können Sie ein neues Zeitobjekt instanziieren mit der statischen Eigenschaft `now`. Keine dieser Eigenschaften oder Methoden ergibt aber Sinn, wenn Sie bereits eine Instanz/ein Objekt dieser Klasse haben. Der 12.4.1961 hat keinen »größtmöglichen Wert« – es ist, was es ist: ein Zeitobjekt, ein Datum.

Die Klasse `System.Math` gibt Ihnen Zugriff auf eine Reihe interessanter mathematischer Funktionen. Sie können die Zahl Pi ausgeben oder Zahlen runden lassen, zum Beispiel mit zwei Nachkommastellen, wie im Beispiel oben zu sehen ist. Ein Instanziieren dieser Klasse ist wenig sinnvoll, die statischen Eigenschaften und Methoden stehen hier im Fokus.

Eigene Objekte erstellen

Sie können Ihre ganz eigenen Baupläne erstellen und darauf aufbauend mit maßgefertigten Objekten, `PSCustomObjects`, arbeiten, ohne auf eine Hochsprache zurückgreifen zu müssen. Dabei müssen Sie es nicht bei simplen Eigenschaften belassen, Sie können ebenso Methoden definieren oder Skript-Properties erzeugen. Es stehen Ihnen syntaktisch verschiedene Wege offen, die folgenden Beispiele dienen der Demonstration. Sie sollten sich für einen der gezeigten Wege entscheiden.

```
#  Ein "PSCustomObject" erzeugen: Variante A
New-Object -TypeName PSCustomObject
  -Property @{GivenName='Grace';Surname='Hopper'}
```

```
#  Ein "PSCustomObject" erzeugen: Variante B
[PSCustomObject] @{GivenName='Hopper';Surname='Grace'}

# Eine "leere Hülle" nach und nach befüllen
$user = [PSCustomObject] @{}
Add-Member -InputObject $user -Name 'GivenName'
  -Value 'Alan' -MemberType NoteProperty
$user | Add-Member -Name 'Surname' -Value 'Turing'
  -MemberType NoteProperty

# Eine eigene Methode definieren
$user | Add-Member -MemberType ScriptMethod
  -Value {Get-Random} -name Random
$user.random()

# Eine Eigenschaft entfernen (selten benötigt)
$user.psobject.properties.remove('GivenName')
```

Sie können auch komplexe Datentypen, etwa ein FileInfo-Objekt, um eigene Elemente anreichern, was in der Praxis ausgesprochen reizvoll sein kann.

```
# FileInfo-Objekte erweitern: ScriptProperty
$file = Get-ChildItem -path 'helloworld.ps1'
$file | Add-Member -MemberType ScriptProperty
  -Name 'SizeInMiB'
  -Value {[math]::Round(($this.Length/1MB),2)}

$file | Select-Object -Property SizeInMiB,Length, Fullname
$file.SizeInMiB

# FileInfo-Objekte erweitern: ScriptMethod
$file | Add-Member -MemberType ScriptMethod
  -Name 'SizeToGiB'
  -Value {[math]::Round(($this.Length/1GB),4)}
$file.SizeToGiB()
```

Klassen

Seit Version 5 kennt die PowerShell die Schlüsselwörter `Enum` und `Class`. `Enum` erlaubt das Erstellen eines eigenen Datentyps mit vordefinierten Konstanten und basiert auf der .NET-Klasse `System.Enum`. Eine Enumeration, auf Deutsch Auflistung, ist ein Datentyp zum Beschreiben von konstanten Eigenschaften. Man verwendet sie, um vordefinierte Listen von Werten zu speichern, zum Beispiel die Ausführungsrichtlinien (`ExecutionPolicy`).

```
[Enum]::GetValues([Microsoft.PowerShell.ExecutionPolicy])
```

In PowerShell 5 wurde das Schlüsselwort `Enum` eingeführt, das das Erstellen eigener Enumerationen vereinfacht.

```
Enum Vendor {
  HP
  Dell
  IBM
  Lenovo
}
```

Im Zusammenspiel mit dem Schlüsselwort `Class` lassen sich eigene Blaupausen für Objekte erstellen, wie es zuvor Hochsprachen vorbehalten war. Eine Klasse definiert (mögliche) Eigenschaften und Methoden eines Objekts.

```
class Server {
  [string]$Computername
  [vendor]$Vendor
  [string]$Model
}
# Eine neue Instanz der Klasse Server erzeugen
$myserver = [server]::new()
$myserver.computername = 'sv1'
$myserver.Vendor = 'HP'
$myserver.Model = 'ProLiant'
```

Für dieses einfache Beispiel würden sich nur wenige die Mühe machen, eine eigene Klasse zu generieren, da man ein sehr ähnliches Ergebnis erhält, wenn man unmittelbar ein eigenes Objekt erstellt:

```
# Alternative: PSCustomObject
$myserver = [PSCustomObject] @{
  Computername = 'sv1'
  Vendor = 'HP'
  Model = 'ProLiant'
}
```

Klassen erlauben aber nicht nur die Definition von Eigenschaften, sondern auch von Methoden. Je umfangreicher die Klasse wird und je mehr Eigenschaften und Methoden man definiert, umso größer wiegen die Vorteile des Erstellens eigener Klassen hinsichtlich der Strukturierung und Lesbarkeit Ihrer Skripte.

```
class Server {
  # Properties
  [string]$Computername
  [vendor]$Vendor
  [string]$Model
  [dateTime]$LastEchoReply
  # Methods
  [string]GetBasicInfo() {
    if ($this.LastEchoReply -eq 0) {
      return "$($this.Computername) (Last seen: never)"
    }
    else {
      return "$($this.Computername) (Last seen:
        $($this.LastEchoReply))"
    }
  }
  [void]RunPingTest() {
    $this.LastEchoReply = $(
      if (Test-Connection $this.computername -Count 1 -Quiet)
        { Get-Date }
      else { Get-Date -Date 0 }
    )
  }
  # Constructor
  Server($computername) {
    $this.Computername = $Computername
    $this.RunPingTest()
  }
}
```

In der erweiterten Klasse `Server` finden sich neben den bereits bekannten Eigenschaften nun auch Methoden, die es erlauben, Programmcode auszuführen.

```
$myserver = [Server]::new('sv1')
$myserver.RunPingTest()
$myserver.GetBasicInfo()
$myserver.LastEchoReply
```

Die Methode `RunPingTest` versucht, den Server mittels *ICMP Echo Request* zu erreichen, und protokolliert den Zeitpunkt des erfolgreichen Tests in der Eigenschaft `LastEchoReply` . Antwortet der Server nicht, wird der Wert 0 als Zeitstempel eingetragen. Da die Methode keinen Rückgabewert hat, wird als Datentyp `[void]` (nichts) verwendet. Diese Information ist zusammen mit dem Computernamen mithilfe der zweiten Methode `GetBasicInfo` abrufbar. `GetBasicInfo` liefert einen Rückgabewert als `[string]`. Der Konstruktor (*Constructor*) sorgt abschließend dafür, dass beim Initialisieren eines neuen Objekts unmittelbar Werte übergeben und Methoden ausgeführt werden. Der Name der Klasse dient als Schlüsselwort zur Definition des Konstruktors. Klassen eignen sich in besonderer Weise zur Erstellung von DSC-Ressourcen. Mehr über DSC-Ressourcen erfahren Sie im Anhang Windows PowerShell: Desired State Configuration (DSC).

KAPITEL 13

Reguläre Ausdrücke

Reguläre Ausdrücke (*Regular Expressions*, kurz *RegEx*) werden gern als »Wildcards auf Steroiden« bezeichnet. Tief verwurzelt in der Softwareentwicklung der 1970er- und 1980er-Jahre, ist dieser Standard zur Textanalyse und -verarbeitung ebenso schwer zu meistern wie unentbehrlich.

```
# Beinhaltet "42" eine Zahl?
42 -match '\d' # TRUE
```

Wann immer Text durchsucht, Muster abgeglichen oder Textmanipulationen vorgenommen werden, kommen reguläre Ausdrücke ins Spiel. Die PowerShell greift unter der Haube auf die RegEx-Implementierung des .NET Framework zurück. Sie haben, wie so oft, die Möglichkeit, die .NET-Klasse und deren Methoden unmittelbar zu nutzen.

```
# Kurzform: [regex]
[System.Text.RegularExpressions.Regex]::Match(42,'\d')
```

In aller Regel werden Sie anstelle der `[Regex]`-Klasse jedoch jene Operatoren, Cmdlets und Schlüsselwörter der PowerShell verwenden, die Unterstützung für reguläre Ausdrücke anbieten.

Tabelle 13-1: RegEx in der PowerShell

case agnostic	case sensitive	Typ
`-match`, `-notmatch`, `-replace`	`-cmatch`, `-cnotmatch`, `-creplace`	Vergleichsoperatoren
`-split`	`-csplit`	Operator
`Select-String`	`Select-String -CaseSensitive`	Cmdlet

Tabelle 13-1: RegEx in der PowerShell (Fortsetzung)

case agnostic	case sensitive	Typ
`switch -regex`	`switch -regex -casesensitive`	Schlüsselwort

Es ist ungewöhnlich, dass reguläre Ausdrücke unter Missachtung der Groß-/Kleinschreibung interpretiert werden, schließlich kennt der Standard selbst zahlreiche Ausdrucksformen, um Fallunterschiede bei Bedarf einzubeziehen oder zu ignorieren. Schlussendlich ist dies im Kontext der PowerShell jedoch konsequent.

```
'Ken Thompson' -match 'k'           # True
'Ken Thompson' -cmatch 'k'          # False
[regex]::match('Ken Thompson','k') # False
```

Die .NET-Klasse können Sie, wie im Beispiel oben zu sehen ist, über eine Typabkürzung (Type Accelerator) aufrufen. Die Methoden der Klasse arbeiten immer *case sensitive* – im Gegensatz zu den PowerShell-spezifischen Werkzeugen. Ein weiterer Vorteil von `[regex]::match()` ist die detaillierte Rückmeldung, die über ein einfaches True/False hinausgeht und unter anderem im Erfolgsfall den gefundenen Teilstring anzeigt.

RegEx-Grundlagen: sehr kurz

Es gibt zahlreiche Quellen mit detailliertem Wissen zu regulären Ausdrücken, so zum Beispiel den Klassiker von Michael Fitzgerald: *Einstieg in Reguläre Ausdrücke* (*https://www.oreilly.de/produkt/einstieg-in-regulaere-ausdruecke/*).

Im Kontext der PowerShell ist Microsofts hauseigene Sprachreferenz von besonderer Bedeutung, da jede Implementierung eigene Besonderheiten aufweist und reguläre Ausdrücke in verschiedenen Dialekten vorkommen (*.NET regular expressions*: *https://docs.microsoft.com/en-us/dotnet/standard/base-types/regular-expressions*).

Die nachfolgenden Grundlagen sind stark verkürzt wiedergegeben und sollen nur einen Eindruck von den Prinzipien und häufig genutzten Sprachelementen geben – und optimalerweise eine Erinnerungsstütze sein.

Verbotene Zeichen

Reguläre Ausdrücke verwenden Sonderzeichen, um komplexe Suchmuster zu ermöglichen. So steht zum Beispiel das ^ (Zirkumflex oder Caret) für einen Zeilenanfang und kann nicht ohne Weiteres im Text selbst, literal, verwendet werden. Benötigen Sie eines dieser reservierten Zeichen als reinen Text, entwerten Sie es mithilfe des \. Übrigens: Auch den Backslash entwerten Sie mit einem (weiteren) Backslash. Mehr über den Einsatzbereich und die genaue Bedeutung jedes einzelnen dieser »verbotenen« Zeichen erfahren Sie im weiteren Verlauf dieses Kapitels.

```
.$^|{}[]()*+?\
```

Das korrekte Entwerten regulärer Ausdrücke ist eine schwierige, fehleranfällige Aufgabe. Die `[regex]`-Klasse hat eine statische Methode, die beliebige Zeichenfolgen entwertet, ein echter Mehrwert gegenüber den PowerShell-eigenen Werkzeugen, die keine vergleichbare Funktion anbieten.

```
# Ein Sonderzeichen entwerten
[regex]::Escape('.') # Ausgabe: \.
```

Reguläre Ausdrücke kennen, wie auch die PowerShell, eine Reihe von Escape-Sequenzen. Diese werden mit dem jeweiligen Escape-Zeichen eingeleitet, in der PowerShell mit dem Backtick, in regulären Ausdrücken mit dem Backslash.

Tabelle 13-2: Ähnliche Escape-Sequenzen in RegEx und PowerShell

RegEx	PowerShell	Bedeutung
\a	`a	Alarm
\b	`b	Rückschritt/Backspace (PowerShell) Rückschritt oder Wortgrenze (RegEx)
\t	`t	Tabstopp
\n	`n	neue Zeile
\r	`r	Wagenrücklauf/Carriage Return
\u nnnn	`u{nnnn}	Unicodezeichen

Zeichenklassen

Die Tabelle 13-2 zeigt, welche Möglichkeiten es bei der Arbeit mit der PowerShell gibt, um mit regulären Ausdrücken verschiedene Zeichenklassen abzubilden. Mit Zeichenklassen können Muster festgelegt werden, die eine Reihe von Zeichen repräsentieren. Sie finden in der Tabelle einfache Beispiele zu den einzelnen Fällen. Sie sollten diese Beispiele als Startpunkt verwenden und eigene – zunehmend komplexere – Beispiele erzeugen.

Tipp

Die automatische Variable `$matches` zeigt Ihnen in Form einer Hashtabelle an, welcher Teil des Referenzwerts auf das RegEx-Suchmuster passt. Der Schlüssel `0` enthält den Teil des Referenzwerts, der mit dem Suchmuster übereinstimmt.

```
42 -match '\d'   # TRUE
$matches.0       # Ausgabe: 4
```

Man ist bei diesem schon eingangs verwendeten Beispiel geneigt, die Zahl 42 (zweiundvierzig) als Einheit zu interpretieren. Aus Sicht des RegEx-Interpreters findet sich an der ersten Stelle eine 4, an der zweiten Stelle eine 2. Die erste Stelle reicht aus, um die Bedingung zu erfüllen: Wir suchen eine Zahl.

Tabelle 13-3: Zeichenklassen

Zeichenklasse	Bedeutung

`.`	Alle Zeichen mit Ausnahme eines Newline.
	`'T' -match '.' # True`
	`'' -match '.' # False`

`[Zeichen]`	Ein beliebiges Zeichen in eckigen Klammern.
	`'Test' -match '[tuv]' # True`
	`'Test' -match '[xyz]' # False`

`[^Zeichen]`	Ein beliebiges Zeichen, das sich nicht in den eckigen Klammern befindet.
	`'Test' -match '[^tuv]' # True`
	`'Test' -match '[^tes]' # False`

Tabelle 13-3: Zeichenklassen (Fortsetzung)

Zeichenklasse	Bedeutung
[Start-Ende]	Alle Zeichen zwischen *Start* und *Ende*, jeweils inklusive. Sie können mehrere Zeichenbereiche in eckigen Klammern angeben. 'Test' -match '[t-v]' # True 'Test' -match '[u-w]' # False
[^Start-Ende]	Alle Zeichen, die sich nicht zwischen *Start* und *Ende* befinden (inklusive). Sie können mehrere Zeichenbereiche in eckigen Klammern angeben. 42 -match '[^5-9][^5-9]' # True 42 -match '[^1-4][^1-4]' # False
\p{Zeichenklasse}	Alle Zeichen in der Unicode-Gruppe oder im Blockbereich, der durch die *Zeichenklasse* angegeben wird. Als Beispiel repräsentiert {Sm} mathematische Symbole. '+' -match '\p{Sm}' # True '!' -match '\p{Sm}' # False
\P{Zeichenklasse}	Alle Zeichen, die sich nicht in der Unicode-Gruppe oder im Blockbereich befinden, der durch *Zeichenklasse* angegeben wird. Als Beispiel repräsentiert {Sc} Währungssymbole. '%' -match '\P{Sc}' # True '€' -match '\p{Sc}' # False
\w	Jedes Wortzeichen, entspricht: [a-zA-Z_0-9]. 'a' -match '\w' # True '$' -match '\w' # False
\W	Jedes Nicht-Wortzeichen. '!' -match '\W' # True '1' -match '\W' # False
\s	Jedes Whitespace-Zeichen. Als Beispiel repräsentiert ´t einen Tabstopp. Vorsicht: Die Shell muss den Tabstopp interpretieren, deshalb sind linkerhand *Double Quotes* erforderlich. "´t" -match '\s' # True 42 -match '\s' # False
\S	Jedes Nicht-Whitespace-Zeichen. Als Beispiel repräsentiert `n eine neue Zeile (Newline). 'T e s t' -match '\S' # True "`n" -match '\S' # False
\d	Jede Dezimalziffer. 42 -match '\d' # True '/' -match '\d' # False
\D	Jede Nicht-Dezimalziffer. '030-110' -match '\D' # True '030110' -match '\D' # False

In den letzten Beispielen haben wir immer eine einzelne Zeichenfolge mit einem Suchmuster verglichen; in diesem Fall ist die Ausgabe des Systems stets ein boolescher Wert: wahr oder falsch.

Sie können aber auch vielzeilige Textdateien einlesen und diese nach dem gleichen Muster prüfen. Nehmen wir an, Sie wollten den Inhalt der Hosts-Datei ausgeben, aber auf die Kommentarzeilen verzichten.

```
(Get-Content -Path hosts) -notmatch '^#'
```

Die PowerShell wird alle Zeilen ausgeben, auf die das Suchmuster nicht zutrifft, also jene Zeilen, die nicht mit einem Rautezeichen beginnen.

Quantifizierer

Mit Quantifizierern (englisch *Quantifier*) können Sie innerhalb eines regulären Ausdrucks angeben, wie oft ein Suchmuster innerhalb des zu überprüfenden Ausdrucks vorkommen soll. Tabelle 13-3 zeigt, welche Quantifizierer Ihnen in der PowerShell für reguläre Ausdrücke zur Verfügung stehen. Zum besseren Verständnis listet die Tabelle zunächst nur die Quantifizierer im sogenannten *greedy*-Modus auf, dem Standardverhalten.

Tabelle 13-4: Quantifizierer

Quantifizierer (greedy)	Bedeutung

*	Keine, eine oder viele Übereinstimmung(en).
	`'TTTT' -match 't*' # true`
	`'' -match 't*' # true`

+	Eine oder viele Übereinstimmung(en).
	`'TTTT' -match 't+' # true`
	`'' -match 't+' # false`

?	Keine oder eine Übereinstimmung.
	`'TTTT' -match 't?' # true`
	`'' -match 't?' # true`

{n}	Genau n Übereinstimmungen.
	`'TTTT' -match 't{4}' # true`
	`'TTTT' -match 't{5}' # false`

Tabelle 13-4: Quantifizierer (Fortsetzung)

Quantifizierer (greedy)	Bedeutung

`{n,}`	n oder mehr Übereinstimmungen.
	`'TTTT' -match 't{4,}' # true`
	`'TTTT' -match 't{5,}' # false`

`{n,m}`	Zwischen n und m Übereinstimmungen (inklusive).
	`'TTTT' -match 't{4,6}' # true`
	`'TTTT' -match 't{5,6}' # false`

Die Quantifizierung kann grundsätzlich im *greedy*- oder *lazy*-Modus erfolgen. Der Unterschied besteht im Kern darin, ob der Interpret die gesamte Zeichenfolge auf das Muster prüft (greedy, der Standard) oder ob der Interpret nach dem kürzestmöglichen Treffer sucht (lazy). Für die oben genannten Beispiele macht dies keinen Unterschied, da wir dort ausschließlich prüfen, ob das Suchmuster überhaupt zutreffend ist.

Wenn Sie nun aber Text ersetzen wollen, ändert sich das. Mit einem nachgestellten Fragezeichen versetzt man die oben genannten Quantifizierer in den *lazy*-Modus:

```
*? , +?, ??, {n}?, {n,}?,{n,m}?
```

An den nachfolgenden Beispielen können Sie erkennen, welchen Effekt diese Änderung praktisch hat. Prüfen Sie zunächst mithilfe des Operators `-match` den regulären Ausdruck, zeigt Ihnen die automatische Variable `$matches`, wie gehabt, den übereinstimmenden Teil des Referenzwerts an.

```
# Greedy: das Standardverhalten
'TTTT' -match 't+'
$Matches.0 # Ausgabe: TTTT
'TTTT' -replace 't+','U' # Ausgabe: U

# Lazy
'TTTT' -match 't+?'
$Matches.0 # Ausgabe: T
'TTTT' -replace 't+?','U' # Ausgabe: UUUU
```

Wie Sie anhand dieser Beispiele erkennen, ist der Umgang mit den Quantifizierern nicht sonderlich intuitiv. Durch das *gierige* Verhalten der RegEx-Engine werden im ersten Beispiel oben alle vier

Buchstaben gemeinsam erfasst und einmalig durch den Buchstaben »U« ersetzt. Nutzt man hingegeben den *lazy*-Modus, erfasst der Interpret nur ein »T«, woraufhin der -replace-Operator jedes »T« durch ein »U« ersetzt.

Hätten Sie in diesem Beispiel vollständig auf den Quantifizierer verzichtet, wären Sie zu dem Ergebnis gekommen, dass auch der *lazy*-Modus erzeugt. Hierdurch erklärt sich, warum der *greedy*-Modus das Standardverhalten darstellt.

```
# Ohne Quantifizierer
'TTTT' -match 't'
$Matches.0 # Ausgabe: T
'TTTT' -replace 't','U' # Ausgabe: UUUU
```

Gruppierungen

Reguläre Ausdrücke können mit runden Klammern gruppiert und zusammengefasst werden. Im folgenden Beispiel suchen wir nach zwei aufeinanderfolgenden Vorkommnissen des Zeichen »T« oder der Zahl »42«.

```
'TTTT' -match '(T|42){2}' # True
'T42' -match '(T|42){2}'  # True
'T4' -match '(T|42){2}'   # False
```

Anker

Sie können in regulären Ausdrücken mithilfe von sogenannten *Ankern* (englisch *Anchors*) festlegen, wo sich die Übereinstimmung beim Musterabgleich befinden soll. Anstelle des prägnanten Begriffs *Anker* finden Sie von Zeit zu Zeit auch die deutsche Bezeichnung: *atomare Assertionen der Breite null*.

Tabelle 13-5: Wichtige Anker

Anker	Bedeutung
^	Anfang der Zeichenkette oder Zeile.
$	Ende der Zeichenkette oder Zeile.

Tabelle 13-5: Wichtige Anker (Fortsetzung)

Anker	Bedeutung

`\b`	Wortgrenze, einschließlich Zeilenanfang/-ende.
	Eine Folge von Buchstaben, Zahlen und Unterstrichen definiert in diesem Zusammenhang Wörter.
	`'Thompson,Ken' -match '\bKen' # True`
	`'Thompson_Ken' -match '\bKen' # False`

`\B`	`\B 'ThompsonKen' -match '\bKen' # False`

Text modifizieren

Die Vergleichsoperatoren `-split` und `-replace` erlauben die Verwendung regulärer Ausdrücke zur Textmanipulation.

```
# Ersetzt alle Leerschritte durch einen Unterstrich.
'Dies ist ein Text' -replace '\s','_'

# Teilt die Zeichenfolge in ein String-Array auf.
'Dies ist ein Text' -split '\s'
```

Mit diesen Textmanipulationen kann man in der PowerShell oftmals Brücken zwischen der *alten*, textorientierten Welt und der Objektorientierung der PowerShell bauen. Stellen Sie sich vor, dass Sie einige unverzichtbare Kommandozeilenprogramme haben, die aber keine Objekte zurückgeben, sondern – bestenfalls – strukturierten Text. Nehmen wir als Beispiele `quser.exe` (Windows) und `netstat` (Linux, macOS). Beide Kommandos haben kein PowerShell-Äquivalent. `Get-NetRoute` existiert nur unter Windows.

Sie können in beiden Fällen mithilfe regulärer Ausdrücke die Ausgaben so umformen, dass Sie Daten und Metadaten trennen und auf diese Weise Objekte erzeugen – wie Sie das von Cmdlets kennen.

```
# Windows: Ersetze 2+ Whitespaces durch ein Komma.
(quser.exe) -replace '\s{2,}',',' | ConvertFrom-Csv

# Linux: Wir benötigen alle Zeilen außer der ersten.
# Anschließend ersetzen wir alle aufeinanderfolgenden
# Whitespaces durch ein Komma.
```

```
$n = netstat -r
($n | Select-Object -Skip 1)
  -replace '\s{1,}',',' | ConvertFrom-Csv
```

`ConvertFrom-Csv` ist ein ebenso unscheinbares wie mächtiges Werkzeug, um den objektorientierten Ansatz auf ältere Kommandozeilenwerkzeuge zu adaptieren. Viele Kommandozeilenwerkzeuge bieten sogar von Haus aus die Ausgabe als CSV-Daten an – dann benötigen Sie nicht einmal mehr die regulären Ausdrücke, um die Textausgaben zu transformieren.

```
whoami.exe /groups /fo csv | ConvertFrom-Csv
```

Operator vs. Methode

Die String-Methoden `.replace()` und `.split()` können in vielen Fällen die gleichnamigen Vergleichsoperatoren ersetzen.

```
'Nürnberg'.replace('ü','ue')
'Nürnberg' -replace 'ü','ue'

'München,Nürnberg'.split(',')
'München,Nürnberg' -split ','
```

Allerdings unterstützen die String-Methoden keine regulären Ausdrücke! Darüber hinaus unterscheiden sie immer die Groß-/Kleinschreibung.

Reguläre Ausdrücke vermeiden

Bei allem gebotenen Respekt gegenüber der Mächtigkeit dieser Technologie – eine der zentralen Stärken der PowerShell ist, dass man vergleichsweise selten auf reguläre Ausdrücke zurückgreifen muss. Dies liegt vorrangig darin begründet, dass der objektorientierte Ansatz der Shell das Parsen von Text oftmals schlicht überflüssig macht.

Dennoch gelangt man häufig an den Punkt, an dem reguläre Ausdrücke die naheliegende Lösung für ein Problem zu sein scheinen, so zum Beispiel bei der Validierung von Benutzereingaben. Vielleicht müssen Sie sicherstellen, dass der übergebene Wert eine IP-Adresse oder Mailadresse repräsentiert. Beispiele hierzu werden Sie zuhauf im Internet finden – fast immer verbunden mit zahlreichen oftmals sehr komplexen Vorschlägen für reguläre Ausdrücke.

Das .NET Framework bietet für viele Datentypen Klassen, die eine Alternative zur Verwendung regulärer Ausdrücke darstellen.

```
# [System.Net.IPAddress]
'192.168.0.1' -as [IPAddress]
'::1' -as [IPAddress] -as [bool]

# [System.Net.Mail.MailAddress]
'charles.babbage@contoso.com' -as [mailaddress]
```

Man kann hierbei kritisieren, dass die Klasse `[IPAddress]` auch die Eingabe der Zahl 42 erlaubt und dies als »0.0.0.42« interpretiert. Oder dass `[Mailaddress]` die Eingabe von »charles.babbage@contoso« toleriert. Dennoch sollte man diese Möglichkeiten in Erwägung ziehen – denn reguläre Ausdrücke sind ebenfalls in den seltensten Fällen *perfekt*. Und ob eine IP erreichbar ist oder ein E-Mail-Empfänger die Nachricht erhält – darauf hat auch kein regulärer Ausdruck eine Antwort.

Beispielgetriebenes Parsen

Mit `Convert-String` und `ConvertFrom-String` stehen Ihnen zwei Cmdlets zur Verfügung, die die Umwandlung von Text auf Basis vorgegebener Beispiele ermöglichen. Günstigenfalls befreit Sie dieses beispielgetriebene Parsen vom langwierigen Suchen und Finden der passenden regulären Ausdrücke.

```
$unixdevs = 'Dennis Ritchie', 'Ken Thompson',
  'Brian Kerningham'
$unixdevs |
  Convert-String -Example 'Dennis Ritchie=RitchieD'
```

Als Ergebnis erhalten Sie:

```
RitchieD
ThompsonK
KerninghamB
```

Auch bei der Analyse von Logfiles oder beliebigen Exportdateien kann `Convert-String` hilfreich sein, wie das nachfolgende etwas komplexere Beispiel andeutet.

```
$unixdevs = @(
  'Dennis Ritchie; 1941 (New York)'
  'Ken Thompson; 1943 (New Orleans)'
  'Brian Kerningham; 1942 (Toronto)'
)
$unixdevs | Convert-String -Example
  'Dennis Ritchie; 1941 (New York)=RitchieD, New York, 1941'
```

Die Ausgabe der Daten entspricht Ihrem vorgegebenen Beispiel:

```
RitchieD, New York, 1941
ThompsonK, New Orleans, 1943
KerninghamB, Toronto, 1942
```

`ConvertFrom-String` verfolgt einen sehr ähnlichen Ansatz, erwartet jedoch die explizite Angabe einer Vorlage, wie Sie Abbildung 13-1 und dem nachfolgenden Beispiel entnehmen.

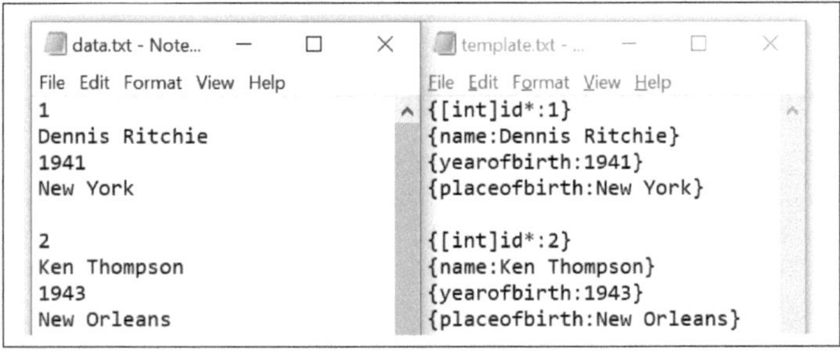

Abbildung 13-1: Daten- und Vorlagendateien

```
Get-Content -Path 'data.txt' |
  ConvertFrom-String -TemplateFile 'template.txt' |
    Sort-Object -Property yearofbirth |
      Select-Object -Property yearofbirth,
        name, placeofbirth
```

Als Ausgabe erhalten Sie dieses Mal:

```
yearofbirth name            placeofbirth
----------- ----            ------------
1941        Dennis Ritchie   New York
1942        Brian Kerningham Toronto
1943        Ken Thompson     New Orleans
```

`Convert-String` und `ConvertFrom-String` wurden mit PowerShell 5 eingeführt und stehen ausschließlich unter Windows zur Verfügung. Microsofts Forschungsprojekt *Flashextract* bildet die Grundlage für diese Cmdlets. Leider arbeitet die Flashextract-Engine weder fehlerfrei noch flott. Es kann Sinn ergeben, eigene reguläre Ausdrücke zu entwickeln. Dennoch ist die Einfachheit dieses Ansatzes bestechend und in simplen Fällen ausgesprochen nützlich.

Mehr über das beispielgetriebene Parsen und das Projekt *FlashExtract* können Sie im Internet erfahren:

FlashExtract: A Framework for Data Extraction by Examples (*http://research.microsoft.com/en-us/um/people/sumitg/flashextract.html*)

KAPITEL 14
(W)MI

Windows Management Infrastructure (MI), vielen eher bekannt unter der älteren Bezeichnung *Windows Management Instrumentation* (WMI), ist Microsofts Implementierung des Industriestandards *WBEM* (*Web Based Enterprise Management*) der *DMTF* (*Desktop Management Task Force*).

Mit Einführung der PowerShell 3 hat Microsoft seinerzeit grundlegende Änderungen an WMI vorgenommen, um die Interoperabilität zu anderen Betriebssystemen zu gewährleisten sowie zahlreiche Verbesserungen im Kontext von Verarbeitungsgeschwindigkeit und Sicherheit zu erzielen. Zu diesem Zweck entwickelte Microsoft eine neue Programmierschnittstelle, die *MI Client API*, und setzt für den Transport der Datenpakete im Netzwerk das moderne *WS-Man*-Protokoll ein. WS-Man ist ebenfalls ein DMTF-Standard, der auf Basis von XML-Webservices und SOAP den plattformübergreifenden Austausch von Daten ermöglicht. WS-Man löst die proprietäre Kommunikation via *DCOM* (*Distributed Component Object Model*) ab, die zum Zugriff auf WMI traditionell zum Einsatz kommt, und implementiert einen weitgehend standardkonformen *Common Information Model Object Manager* (CIMOM).

In den Windows PowerShells 3 bis 5 stehen die alten WMI-Cmdlets, die weiterhin über DCOM kommunizieren, sowie die CIM-Cmdlets, die die neue API nutzen, zur Verfügung. Aufgrund der zahlreichen Abkürzungen und einer manchmal verwirrenden Benennung der Technologien und Werkzeuge findet sich im Sprachgebrauch undifferenziert der Begriff WMI. Offiziell spricht Microsoft jedoch bezüglich der aktuellen Implementierung von Windows Management Infrastructure (*MI*) und dem Standard Common Information

Model (*CIM*), der als Namensgeber für die neuen CIM-Cmdlets fungierte. Nähere Details zur Standardisierung finden Sie unter den folgenden Links *http://www.dmtf.org/standards/wbem* und *https://docs.microsoft.com/en-us/windows/win32/wmisdk/about-wmi*.

WMI-Cmdlets (DCOM)

Der nun folgende Abschnitt ist ausschließlich für Windows-Betriebssysteme und die Windows PowerShell (in allen Versionen) relevant. PowerShell 7 unterstützt keine WMI-Cmdlets. Aufgrund der immensen praktischen Bedeutung und zum besseren Verständnis der Nachfolgetechnologie, die wir im folgenden Abschnitt thematisieren, ergibt eine kurze Zeitreise zur Erläuterung der Hintergründe aber Sinn.

WMI ist seit Windows 2000 integrierter Bestandteil der Windows-Betriebssysteme. Die Anfänge der Technologie gehen in die 1990er-Jahre zurück, somit ist sie deutlich älter als die Windows PowerShell. WMI definiert Namensräume (Namespaces), in deren Verästelungen Klassen definiert sind, die Eigenschaften und Methoden zur Verwaltung des Betriebssystems und der darunterliegenden Hardware anbieten. Vor der Einführung der Windows PowerShell nutzte man WMI häufig im Zusammenspiel mit VBScript. Eines der einfachsten Beispiele ist das Überprüfen auf freien Platz auf den lokalen Festplatten.

```
' WMI-Abfrage in Visual Basic Script (VBScript)
set objWMI = GetObject("winmgmts:\\localhost\root\cimv2")
set disks = objWMI.ExecQuery("Select * from WIN32_
LogicalDisk Where DriveType = 3")
for each disk in disks
    Ausgabe = disk.DeviceID& " " &disk.FreeSpace& " Kapazität"
    wscript.echo Ausgabe
Next
```

Zentral für die Arbeit mit WMI sind die sogenannten WQL-Ausdrücke (*WMI Query Language*), eine Abfragesprache, die sich stark an SQL anlehnt. Im Beispiel oben werden alle Eigenschaften der Klasse `Win32_LogicalDisk` im Namensraum `root\cimv2` abgerufen, deren Laufwerktyp 3 (Codierung für »Local Disc«) ist. Von zentraler Bedeutung ist hierbei diese WQL-Abfrage:

```
Select * from WIN32_LogicalDisk Where DriveType = 3
```

Um den Zugang zu WMI zu vereinfachen, fand sich erstmals in Windows XP ein Kommandozeilenwerkzeug, das in einigen Aspekten Grundideen der Windows PowerShell vorwegnahm: `wmic.exe`

```
:: WMI-Abfrage in der Eingabeaufforderung
wmic.exe /node:sv1,sv2 path Win32_LogicaldDisk
  where "drivetype=3" get DeviceID, Freespace
wmic.exe /node:sv1,sv2 LogicalDisk
  where "drivetype = 3" get DeviceID, Freespace
```

Die beiden Befehle sind beinahe identisch; im zweiten Beispiel wird der Alias `LogicalDisk` synonym zur Klasse `Win32_LogicalDisk` verwendet. Der Parameter `/node` erlaubt auf einfachste Weise die Remoteausführung gegen eine Vielzahl an entfernten Computern, was die Nützlichkeit von `wmic.exe` im Vergleich zur VBScript-Lösung enorm steigert. Lässt man den Parameter `/node` weg, wird der Befehl gegen den lokalen Computer ausgeführt.

Seit der ersten Version enthält die PowerShell WMI-Cmdlets, die den Zugriff auf WMI noch weiter vereinfachen. Alle WMI-Cmdlets finden Sie mit dem Befehl: `Get-Command -name *-wmi*`

Das am häufigsten verwendete Cmdlet ist `Get-WMIObject`. Das bekannte Beispiel sieht in der Windows PowerShell (alle Versionen) wie folgt aus:

```
# WMI-Abfrage in der Windows PowerShell
Get-WmiObject -ComputerName sv1,sv2 -Class WIN32_LogicalDisk |
  Where-Object -FilterScript {$_.DriveType -eq 3} |
    Select-Object -Property DeviceID, Freespace
```

Im direkten Vergleich erkennt man eine gewisse Analogie zum Kommandozeilentool `wmic.exe`, da auch hier mehrere Computer adressiert werden können. Neben den bekannten Eigenschaften der Klasse `Win32_LogicalDisk` ergänzt `Get-WmiObject` eine Reihe von Systemeigenschaften, die Sie an den führenden Unterstrichen erkennen. So liefert Ihnen `__SERVER` den Hostnamen des abgefragten Systems zurück, eine ausgesprochen nützliche Zusatzinformation. Der grundlegende Mehrwert des Cmdlets `Get-WMIObject` lag in der Rückgabe typisierter Objekte anstelle von Text, was die Weiterverarbeitung erheblich erleichterte. Darüber hinaus ermöglicht der Parameter `-Credentials` die Übergabe alternativer Anmeldeinformationen.

Bei genauerer Analyse des vorgenannten Beispiels fällt jedoch ein grundsätzlicher Unterschied ins Auge: Wo die WQL-Abfrage `where` und `=` als Vergleichsoperator verwendet, nutzt die PowerShell das Cmdlet `Where-Object` und den Vergleichsoperator `-eq`. Dies resultiert daraus, dass im Beispiel die *DriveTypes* clientseitig mit den Mitteln der PowerShell-Pipeline gefiltert werden. Obgleich das im Kontext der PowerShell ein ganz typischer Weg ist, ist er nicht sonderlich effizient. Wir übertragen (gegebenenfalls über das Netzwerk) zunächst alle Objekte, um die nicht passenden schlussendlich zu verwerfen. Wesentlich effizienter ist es, erneut die WQL-Abfrage zu verwenden und serverseitig unmittelbar nur jene Objekte abzufragen, die benötigt werden. Auf die Ausgabeformatierung wird nachfolgend verzichtet.

```
# WMI-Abfrage mittels WQL
Get-WmiObject -ComputerName sv1,sv2
  -Query 'Select * from WIN32_LogicalDisk Where DriveType = 3'

# Vereinfachte Notation mit "-Filter"
Get-WmiObject -ComputerName sv1,sv2 -Class WIN32_LogicalDisk
-Filter 'DriveType = 3'
```

Sie haben die Wahl, ob Sie den Filter vollständig übernehmen (Query) oder nur den eigentlichen Filter (Filter). Das einzig verbleibende Problem ist, dass Sie neben den Vergleichsoperatoren der PowerShell weiterhin die WQL-Operatoren kennen sollten.

Tabelle 14-1: WQL vs. PowerShell-Operatoren

Bedeutung	WQL	PowerShell
Gleichheit	=	-eq
Ungleichheit	<>, !=	-ne
Größer als	>	-gt
Größer oder gleich	>=	-ge
Kleiner als	<	-lt

Tabelle 14-1: WQL vs. PowerShell-Operatoren (Fortsetzung)

Bedeutung	WQL	PowerShell
Kleiner oder gleich	<=	-le
Zeichensuche mit Jokerzeichen	like '%'	-like '*'
Boolesches UND	AND	-and
Boolesches ODER	OR	-or

WMI ist nicht auf die Abfrage von Eigenschaften beschränkt.

```
# Eine WMI-Methode nutzen
$process = Get-WmiObject -Class WIN32_Process
  -filter 'Name = "powershell.exe"'
$process.Terminate()
```

Seit PowerShell 3 ist es unerheblich, ob `Get-WMIObject` eine oder mehrere Instanzen des Prozesses findet. Da ein Array keine Methode `Terminate()` besitzt, wendet die PowerShell automatisch die Methode `Terminate` auf jedes einzelne Element des Arrays an. Methoden lassen sich ebenfalls mithilfe des Cmdlet `Invoke-WMIMethod` aufrufen. Übertragen auf das oben genannte Beispiel, erscheint das nachfolgende Kommando jedoch arg befremdlich.

```
# Methodenaufruf mit Invoke-WMIMethod
$powershell = Get-WmiObject -Class WIN32_Process
  -filter 'Name = "powershell.exe"'
Invoke-WmiMethod -Path $powershell.__relpath -Name Terminate
```

`Invoke-WMIMethod` benötigt den relativen Pfad eines Objekts, was im oben genannten Fall nicht unmittelbar zu erraten ist. Darüber hinaus würde die Ausführung des Befehls fehlschlagen, wenn mehr als ein Prozess gefunden würde. Der Aufruf über die Punktnotation ergibt offenkundig mehr Sinn. Dennoch erfüllt `Invoke-WmiMethod` einen praktischen Zweck: Er unterstützt das Aufrufen statischer Methoden!

```
# Statische Methoden nutzen
Invoke-WmiMethod -Path Win32_Process -Name create
-ArgumentList 'powershell.exe'
```

`create` ist eine (sogenannte statische) Methode der Klasse `Win32_Process`. Von statischen Methoden spricht man immer dann, wenn die Ursprungsklasse eine Methode anbietet, nicht aber die Instanzen dieser Klasse. Sinn und Zweck wird in diesem letzten Beispiel deutlich: Mit der Methode `create` erzeuge ich überhaupt erst eine Instanz der PowerShell. Zum Zeitpunkt der Ausführung existiert die Instanz noch gar nicht.

Die PowerShell kennt drei *Type Accelerators* (Typabkürzungen) zum Zugriff auf WMI-Objekte, WMI-Klassen und WMI-Suchen. Die nachfolgenden Beispiele verdeutlichen deren Anwendung.

```
# WMI type accelerators
[wmi]'Win32_LogicalDisk.DeviceID="C:"'
[wmi]'\\sv1\root\cimv2:Win32_LogicalDisk.DeviceID="C:"'
([Wmiclass]'Win32_Process').create('powershell.exe')
([WMISEARCHER]'Select * from
   WIN32_LogicalDisk Where DriveType = 3').Get()
```

CIM-Cmdlets (WS-Man)

Das Modul `CimCmdlets` ist ausschließlich unter Windows verfügbar. Es enthält zwölf Cmdlets in PowerShell 7 (siehe Abbildung 14-1), zwei weniger als in der Windows PowerShell 5 (`Import-BinaryMiLog` und `Export-BinaryMiLog` fehlen).

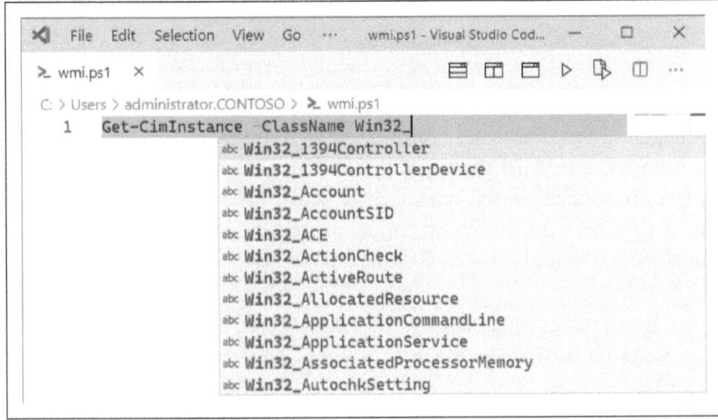

Abbildung 14-1: Intellisense für WMI-Klassen

An die Stelle von Get-WMIObject tritt das Cmdlet Get-CimInstance, das unmittelbar einen praktischen Vorteil bringt: die Autovervollständigung für Namensräume und Klassen.

Die aus dem letzten Abschnitt unserer Zeitreise bekannten Beispiele sind leicht auf die neuen Cmdlets zu übertragen:

```
# WMI-Abfragen mit den CIM-Cmdlets
Get-CimInstance -ComputerName sv1,sv2
  -ClassName WIN32_LogicalDisk |
    Where-Object -FilterScript {$_.DriveType -eq 3}

Get-CimInstance -ComputerName sv1,sv2
  -Query 'Select * from WIN32_LogicalDisk Where DriveType = 3'

Get-CimInstance -ComputerName sv1,sv2
  -ClassName WIN32_LogicalDisk -Filter 'DriveType = 3'
```

Der Aufruf von Methoden unterscheidet sich deutlich, da Get-CIMInstance keine Objekte zurück liefert, die Methoden anbieten. Der Aufruf über die Punktnotation entfällt zugunsten des Cmdlet Invoke-CimMethod.

```
# Methodenaufruf mit Invoke-CimMethod
Get-CimInstance -ClassName WIN32_Process
  -filter 'Name = "powershell.exe"' |
    Invoke-CimMethod -MethodName Terminate

Invoke-CimMethod -Query
  'Select * from Win32_Process where Name="powershell.exe"'
    -MethodName 'Terminate'
```

Die Unterscheidung zwischen statischen Methoden und Methoden der Instanz tritt in den Hintergrund. Mit Get-CimClass spüren Sie sämtliche Methoden auf, die Sie mit Invoke-CimMethod aufrufen können.

```
# Aufruf einer statischen Methode mit Invoke-CimMethod
Get-CimClass -ClassName Win32_Process |
  Select-Object -ExpandProperty CimClassMethods

Invoke-CimMethod -ClassName Win32_Process -MethodName Create
  -Arguments @{CommandLine='powershell.exe'}
```

Die CIM-Cmdlets offenbaren einige Schwächen: Die Systemeigenschaften entfallen, keines der Cmdlets bietet den Parameter -Credentials. Dafür unterstützen sie *CimSessions*. Eine CimSession ist ein clientseitiges Objekt, das die Verbindungseigenschaften repräsentiert und erhebliche Geschwindigkeitsvorteile beim Netzwerkzugriff bringt.

```
# CimSession
$cimsession = New-CimSession -ComputerName sv1
  -SkipTestConnection -Credential (Get-Credential)

Get-CimInstance -CimSession $cimsession
  -Class WIN32_LogicalDisk -Filter 'DriveType = 3'
```

Das Cmdlet New-CimSessionOption erlaubt die Übergabe vergleichsweise selten genutzter Verbindungsparameter. Auf diesem Weg lassen sich auch Verbindungen über DCOM realisieren, wenn der Zugriff via WS-Man auf das Zielsystem nicht möglich ist.

```
# CimSession mit erweiterten Optionen
$cimsessionoption = New-CimSessionOption -Protocol Dcom

$cimsession = New-CimSession -ComputerName sv1
  -SkipTestConnection -Credential (Get-Credential)
     -SessionOption $cimsessionOption

Get-CimInstance -CimSession $cimsession
  -Class WIN32_LogicalDisk -Filter 'DriveType = 3'
```

CDXML

Die Neuimplementierung von (W)MI verfolgte ein weiteres Ziel. Mit der Reorganisation der WMI-Klassen hat Microsoft das automatische Generieren von Cmdlets ermöglicht. Cmdlets werden auf Grundlage von *Commandlet Definition XML*-Dateien erschaffen. So entsteht blitzartig eine große Zahl neuer Cmdlets. In Windows 10 sind bereits weit mehr als die Hälfte aller Cmdlets auf diese Weise entstanden. Zwei Module zeigen beispielhaft die Funktionsweise: NetTCPIP und NetAdapter.

Rufen Sie die nachfolgenden Beispiele auf und suchen Sie nach Unterschieden. Sie werden keine entdecken. Die genannten Cmdlets sind im Wesentlichen nichts anders als ein verkürzter Aufruf einer dahinterliegenden WMI-Klasse. Dieser Ansatz offenbart aber auch eine Schwäche: Da die Technologie WMI unter Linux und macOS fehlt, existiert kein einziges dieser Cmdlets dort. Dies ist einer der Hauptgründe dafür, dass PowerShell 7 unter Linux und macOS eine sehr viel geringere Anzahl Cmdlets an Bord hat.

```
# CDXML-Cmdlets und die korrespondierenden WMI-Klassen
Get-CimInstance -Namespace 'root/StandardCimv2'
  -ClassName  'MSFT_NetAdapter'
Get-NetAdapter

Get-CimInstance -Namespace 'root/StandardCimv2'
  -ClassName 'MSFT_NetAdapterHardwareInfoSettingData'
Get-NetAdapterHardwareInfo

Get-CimInstance -Namespace 'root/StandardCimv2'
  -ClassName 'MSFT_NetAdapterBindingSettingData'
Get-NetAdapterBinding

Get-CimInstance -Namespace 'root/StandardCimv2'
  -ClassName 'MSFT_NetAdapterStatisticsSettingData'
Get-NetAdapterStatistics

Get-CimInstance -Namespace 'root/StandardCimv2'
  -ClassName 'MSFT_NetIPAddress'
Get-NetIPAddress

Get-CimInstance -Namespace 'root/StandardCimv2'
  -ClassName 'MSFT_NetIPInterface'
Get-NetIPInterface
```

KAPITEL 15

Entfernte Rechner verwalten

Das Arbeiten mit entfernten Rechnern gehört zu den zentralen Aufgaben, die Sie mithilfe der PowerShell bewältigen. Dabei ist es prinzipiell unerheblich, ob es Arbeitsplatzrechner oder Serversysteme sind und ob Linux, macOS oder Windows als Betriebssystem genutzt wird.

In den frühen Tagen der Windows PowerShell musste man bezüglich der Fernadministration in weiten Teilen auf das WMI zurückgreifen. Seit Version 2.0 kann mit dem PowerShell Remoting prinzipiell jeder Befehl auf entfernten Systemen ausgeführt werden. Mit der Öffnung zu anderen Betriebssystemen, hat das Remoting über SSH Einzug in die PowerShell gehalten.

Integrierte Remoting-Funktionen

Einige wenige Cmdlets bieten einen Parameter namens `-Computername`, mit dem man explizit einen entfernten Rechner adressieren kann. Welche Kommandos dies auf Ihrem System sind, können Sie leicht herausfinden.

```
Get-Command | Where-Object -FilterScript {
  $_.parameters.keys -contains 'ComputerName'
}
```

Cmdlets wie `Get-Process` und `Get-Service` verfügen aus historischen Gründen in der Windows PowerShell über den Parameter `-ComputerName`, andere Cmdlets haben ihren einzigen Bestimmungszweck im Remoting. Die Cmdlets der ersten PowerShell-Version nutzten die proprietäre DCOM-Schnittstelle zur Netzwerkkommunikation, die nur unter Windows verfügbar ist. Seit PowerShell 6 ist die Verwendung von DCOM nicht mehr empfohlen, sodass `Get-Process` und `Get-Service` der Parameter `-ComputerName` fehlt. Es gibt aber Ausnahmen von dieser Regel, so bietet `New-CimSessionOption -Protocol Dcom` explizit die Verwendung der alten Schnittstelle aus Gründen der Kompatibilität an. Dies ist auf Windows beschränkt.

Unter Linux und macOS finden Sie ausschließlich Cmdlets mit dem Parameter `-ComputerName`, deren einziger Zweck die Remoteausführung an sich ist: `Invoke-Command`, `Enter-PsSession` etc.

Einige weitere Cmdlets führen implizit Befehle im Netzwerk aus, obgleich sie lokal laufen. Die Active-Directory-Cmdlets sind hierfür ein gutes Beispiel. `Get-ADDomain` fragt mittels eines Webservers Informationen an einem Domain-Controller ab, obgleich Sie explizit keinen Computer im Netzwerk zu diesem Zweck benennen. Dennoch bleiben Cmdlets dieser Art in der Minderheit.

PowerShell Remoting mittels WinRM

Die Codebeispiele in diesem Abschnitt sind nur für Windows anwendbar. Wenn Sie sich primär für das SSH-Remoting interessieren, sollten Sie dennoch diesen Abschnitt lesen, da viele Detailinformationen in gleicher Weise für SSH-Verbindungen gelten und Sie auf diesem Weg die nötigen Hintergrundinformationen erhalten.

Seit Einführung von PowerShell 2 kann die PowerShell auf das WS-Man-Protokoll zur Netzwerkkommunikation zurückgreifen. Microsofts Implementierung dieses Standards trägt den Namen WinRM (*Windows Remote Management*). Beide Abkürzungen, WS-Man und WinRM, werden in der Praxis synonym verwendet. Die Kommunikation erfolgt über die TCP-Ports 5985 und 5986 (TLS). Der Fernzugriff muss zunächst erlaubt werden, siehe Abbildung 15-1.

Sie können das PowerShell Remoting zu jedem späteren Zeitpunkt aktivieren. Beachten Sie dabei, dass Sie eine Warnmeldung erhalten, wenn einer Ihrer Netzwerkadapter sich in einem nicht vertrauenswürdigen Netzwerk befindet. Sie können das Netzwerkprofil ändern oder die Warnung unterdrücken.

```
# Anpassen des Netzwerkprofils
Set-NetConnectionProfile -InterfaceAlias Ethernet
  -NetworkCategory Private
# PSRemoting erlauben
Enable-PSRemoting -Force # -SkipNetworkProfileCheck
```

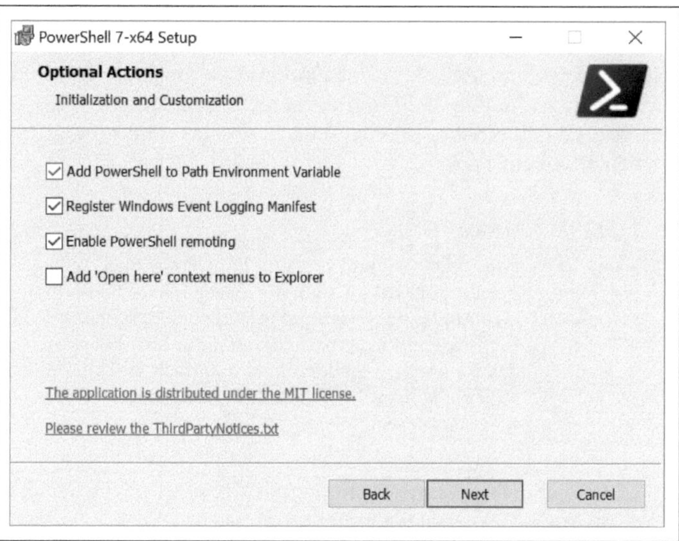

Abbildung 15-1: PowerShell Remoting während des Setups erlauben

Das Aktivieren des PowerShell Remoting beinhaltet eine Reihe von Konfigurationsänderungen. Die nachfolgend genannten PowerShell-Befehle geben Aufschluss über die jeweils aktuelle Konfiguration.

- Startet den WinRM-Dienst, setzt den Starttyp auf »Automatic«:
  `Get-Service -Name WinRM |`
  `Select-Object -Property Name, Status, Starttype`
- Erstellt einen sogenannten Listener, um Anfragen an beliebigen IP-Adressen zu erlauben:
  `Get-WSManInstance -ResourceURI 'winrm/config/listener'`
  `-Enumerate`

- Konfiguriert Session-Endpunkte:
  `Get-PSSessionConfiguration`
- Passt die Firewall-Regeln an, um den Zugriff zu erlauben:
  ```
  Get-NetFirewallRule -Name WinRM* |
    Select-Object -Property Name, Displaygroup,
      Enabled, Profile, Description
  ```

Seit Windows Server 2012 ist die Remoteverwaltung auf Server-Editionen standardmäßig aktiv und muss nicht explizit aktiviert werden. Auf Clientbetriebssystemen müssen Sie das Remoting grundsätzlich erlauben.

Vorsicht, Falle!

PowerShell 6+ und die Windows PowerShell teilen sich ein paar Ressourcen, wie den WinRM-Dienst. Einige Konfigurationselemente sind aber versionsspezifisch, wie etwa die Sessionkonfiguration, sodass Sie das Remoting gegebenenfalls mehrfach freischalten müssen: sowohl für PowerShell 7 als auch für Windows PowerShell 5.

Für einen schnellen Test, ob die Fernausführung gelingt, stehen Ihnen mehrere Cmdlets zur Verfügung.

```
Test-WSMan -ComputerName sv1 -Authentication Negotiate
Test-NetConnection -ComputerName sv1 -CommonTCPPort WINRM
New-PSSession -Computername sv1
```

Rufen Sie `New-PSSession` ohne Parameter auf, wird eine Session gegen den eigenen PC aufgebaut, was als Schnelltest ebenfalls hilfreich sein kann.

Gesetzt den Fall, dass Sie in einer Arbeitsgruppe arbeiten, müssen Sie den Zugriff auf den entfernten Computer erlauben. Das Übermitteln von Anmeldeinformationen ohne die sichere Kerberos-Authentifizierung, die Sie in einer Active-Directory-Domäne nutzen, stellt hierbei prinzipiell ein Sicherheitsrisiko dar und macht Sie anfällig für *Man-in-the-Middle*-Angriffe. Idealerweise statten Sie unter solchen Gegebenheiten Ihre Hosts mit Zertifikaten aus, die Sie validieren können.

Falls erforderlich, passen Sie die Liste der vertrauenswürdigen Hosts (*Trusted Hosts*) auf dem Computer an, von dem aus Sie Ihre Befehle absetzen (also vom PSRemoting-Client).

```
Get-Item -Path 'WSMan:\localhost\Client\TrustedHosts'
Set-Item -Path 'WSMan:\localhost\Client\TrustedHosts'
  -Value '*.oreilly.de' -Force
```

Sie sprechen mit dem oben genannten Befehl allen Computern mit dem DNS-Suffix »oreilly.de« Ihr Vertrauen aus. Sie können eine kommaseparierte Liste mit Hostnamen übergeben oder mithilfe des Parameters `-Concatenate` Hostnamen ergänzen. Nachdem Sie die Fernausführung erlaubt haben, können Sie interaktive Sitzungen mit dem Computer im Netzwerk durchführen:

```
Enter-PSSession -ComputerName sv1
  -Credential (Get-Credential)
```

Effizienter ist jedoch die Ausführung von beliebigen Skriptblöcken mithilfe von `Invoke-Command`.

```
$cred = Get-Credential
Invoke-Command -ComputerName sv1,sv2 -Credential $cred
  -ScriptBlock {
    Restart-Service -name netlogon
  }
```

In diesem letzten Codebeispiel deutet sich die besondere Stärke von `Invoke-Comand` an:

- Sie können beliebige Befehle absetzen und sind nicht auf Cmdlets begrenzt.
- Die Ausführung des Skriptblocks erfolgt *parallel*.

Analog zu den CimSessions können Sie persistente PSSessions aufbauen, die Ihnen weitere Geschwindigkeitsvorteile verschaffen. Sie können einmalig eine Session herstellen, die Sie dann fortlaufend verwenden. Der initiale Zeitverlust, der zum Aufbau einschließlich der Authentifizierung erforderlich ist, entsteht nur einmal.

```
$pssession = New-PSSession -ComputerName sv1,sv2
  -Credential $cred
Invoke-Command -Session $pssession -ScriptBlock {
  New-SmbShare -Name 'Data' -Path 'c:\Data'
    -EncryptData $true
}
```

Implicit Remoting

Alternativ können Sie innerhalb einer PowerShell-Session die Cmdlets des Remotesystems lokal einblenden. Zur Unterscheidung der lokalen und entfernten Cmdlets können Sie optional ein Präfix definieren. Die PowerShell erzeugt zur Laufzeit ein Modul, das die *Proxy*-Cmdlets bereitstellt.

```
$proxyCmdlets = Import-PSSession -Session $pssession
  -Module DNSServer -Prefix Remote
Get-RemoteDnsServerDiagnostics
Remove-Module -name $proxyCmdlets
```

Wenn Sie keine Überlappungen der Cmdlet-Namen befürchten müssen, können Sie auf das Präfix verzichten. Sie können die Proxy-Cmdlets darüber hinaus als eigenes Modul speichern. Starten Sie anschließend eine neue PowerShell-Sitzung, wird die Verbindung zum Remotehost automatisch aufgebaut, und Sie können die Cmdlets auf die vertraute Weise verwenden.

```
Export-PSSession -OutputModule ProxyDNS -Session $pssession
  -Module DNSServer
```

Sie erhalten in der PowerShell-Hilfe vertiefende Informationen zu dem Themenkomplex »Remoting«.

Fallstricke und Einschränkungen

So erstaunlich einfach diese Fernaufrufe zu verwenden sind, so bergen Sie doch ein paar kleine Fallen. Für jeden Skriptblock wird ein eigener Runspace initialisiert, im Prinzip eine eigene PowerShell-Instanz. Lokal definierte Variablen und Funktionen sind in diesen Runspaces nicht *sichtbar*. Man kann sie jedoch übergeben.

```
# Eine lokale Variable remote nutzen
$service = 'netlogon'
Invoke-Command -Session $pssession -ScriptBlock {
    Get-Service -name $using:service
}
```

Ähnlich verhält es sich mit lokalen Funktionen. Beachten Sie, dass die Übergabe von Parametern hier nur positional erfolgen kann.

```
function mytop {...}
Invoke-Command -Session $pssession
  -ScriptBlock ${function:mytop} -argumentlist 4
```

Des Weiteren werden die Objekte für die Übertragung deserialisiert. Dies hat zur Folge, dass man zwar die Eigenschaften des Objekts in der gewohnten Form lokal weiterverarbeiten kann – die Methoden stehen aber nicht zur Verfügung.

Die folgenden Codezeilen demonstrieren diesen Effekt. In Beispiel 1 greifen wir innerhalb des Skriptblocks auf eine Methode der `ServiceController`-Klasse zu. Dies unterscheidet sich nicht von der einfachen lokalen Ausführung. In Beispiel 2 übertragen wir das `ServiceController`-Objekt zunächst über das Netzwerk und erhalten so ein deserialisiertes (Teil-)Objekt. Die Methode `.start()` ist unbekannt.

```
## Beispiel 1: System.Service.ServiceController
Invoke-Command -Computername sv1 -ScriptBlock {
    $service = Get-Service -Name w32time
    # System.Service.ServiceController
    Get-Member -InputObject $service
    # Methoden stehen zur Verfügung
    $service.start()
}

## Beispiel 2: Deserialized.System.ServiceProcess.ServiceController
$service = Invoke-Command  -Computername sv1 -ScriptBlock {
    Get-Service -Name w32time
}

# Deserialized.System.ServiceProcess.ServiceController
Get-Member -InputObject $service

# Methoden stehen nicht zur Verfügung
$service.start() # Erzeugt eine Fehlermeldung!
```

PowerShell Remoting mittels SSH

Mit der neuen Generation der interoperablen PowerShell (Version 6+) hat auch das SSH-Protokoll den Weg in die Welt der PowerShell gefunden. Zuvor hatte sich Microsoft lange Jahre vergeblich bemüht, den WSMan-Standard auch in der Linux-Welt zu etablieren. So entwickelte man eigens eine WBEM/WSMan-konforme Software-Suite namens *Open Management Infrastructure* (OMI), der Durchbruch gelang aber nicht.

Seit PowerShell 6 kann das PSRemoting nun auch das SSH-Protokoll als Transportmedium nutzen. Auf dem Zielsystem wird ein SSH-Subsystem initialisiert, und die PowerShell – wenn installiert – kann remote genutzt werden. Im direkten Vergleich zum Remoting mittels WinRM ist die SSH-Variante (noch) funktional eingeschränkt:

RemoteEndpoint-Konfigurationen (*Constrained Endpoints*) sowie *Just Enough Administration* (JEA) stehen nicht zur Verfügung.

Für die Kommunikation mittels SSH verfügen die bekannten Remoting-Cmdlets `Invoke-Command`, `New-PSSession` und `Enter-PSSession` seither über drei neue Parameter. Tabelle 15-1 zeigt sie in der Gegenüberstellung mit den WinRM-spezifischen Parametern.

Tabelle 15-1: Neue Parameter für SSH

SSH	winRM	Anmerkung
`-HostName`	`-ComputerName`	Zielsystem
`-UserName`	`-Credentials`	nur Benutzername
`-KeyfilePath`		keine Entsprechung

In der Regel ist ein SSH-Server auf einem Linux-Server bereits installiert und konfiguriert. In diesem Fall installieren Sie zunächst die PowerShell 7 (siehe auch »Installation von PowerShell 7 unter Linux« auf Seite 18).

Anschließend müssen Sie die SSH-Konfigurationsdatei anpassen. Typischerweise finden Sie diese im Pfad */etc/ssh/sshd_config* (zum Beispiel unter Debian und Ubuntu Linux). Ändern bzw. ergänzen Sie diese Datei um die nachfolgenden Einträge.

```
# Passwortauthentifizierung erlauben
PasswordAuthentication yes
# Passen Sie gegebenenfalls den Pfad zur Applikation an.
Subsystem powershell /usr/bin/pwsh -sshs -NoLogo -NoProfile
# Optional
PubkeyAuthentication yes
```

Starten Sie anschließend den Dienst neu und legen Sie (optional) die PowerShell als neue Standard-Shell fest.

```
service sshd restart
chsh --shell /usr/bin/pwsh
```

Auch Windows Server enthält in den aktuellen Veröffentlichungen einen (experimentellen) SSH-Dienst, der zunächst installiert und konfiguriert werden muss. Anschließend können Sie SSH auch von Windows zu Windows nutzen. Weitere Informationen finden Sie in der Dokumentation von Microsoft:

Installation von OpenSSH für Windows Server 2019 und Windows 10 (*https://docs.microsoft.com/de-de/windows-server/administration/openssh/openssh_install_firstuse*)

Alle weiteren Details zum PSRemoting entnehmen Sie den Erklärungen und Beispielen, die Sie bereits im Abschnitt »PowerShell Remoting mittels WinRM« auf Seite 146 kennengelernt haben. Bis auf die eingangs genannten Einschränkungen können Sie die Remotefunktionen analog nutzen.

Aufgrund der hohen Komplexität existieren zahlreiche Hilfeartikel zu Remoting-Themen.

- `help about_Remote*`
  about_Remote, about_Remote_Disconnected_Sessions, about_Remote_FAQ, about_Remote_Jobs, about_Remote_Output, about_Remote_Requirements, about_Remote_Troubleshooting, about_Remote_Variables
- `help about_PSSession*`
  about_PSSession, about_PSSession_Details

KAPITEL 16

Hintergrundaufträge: Jobs

In Kapitel 15, *Entfernte Rechner verwalten*, haben Sie bereits die Möglichkeit kennengelernt, Skriptblöcke im Netzwerk parallel ausführen zu lassen. Mit den `*-job`-Cmdlets können Sie in vergleichbarer Weise Skriptblöcke lokal parallelisieren, indem Sie Befehle zur Ausführung in den Hintergrund schicken. Die aktive Konsole ist dann nicht wie üblich blockiert.

Neben den Job-Cmdlets (siehe Tabelle 16-1), die sich nur dem Thema Hintergrundaufträge widmen, unterstützen einige andere Cmdlets über den Parameter `-AsJob` die Möglichkeit, im Hintergrund abgearbeitet zu werden, wie das Cmdlet `Invoke-Command`, das Sie aus den Remoting-Kapiteln bereits kennen.

Tabelle 16-1: Job-Cmdlets

Cmdlet	Verwendungszweck	PS-Versionen
`Get-Job`	Auflisten der Hintergrundaufträge.	seit 2
`Start-Job`	Starten eines Hintergrundauftrags.	seit 2
`Stop-Job`	Beenden eines Hintergrundauftrags.	seit 2
`Receive-Job`	Das Ergebnis des Auftrags anzeigen.	seit 2
`Wait-Job`	Auf das Ende eines Auftrags warten.	seit 2
`Remove-Job`	Entfernen des Auftrags.	seit 2
`Debug-Job`	Ablaufverfolgung für Aufträge und Workflows.	seit 5
`Suspend-Job`	Einen Workflow unterbrechen.	3 bis 5
`Resume-Job`	Einen Workflow fortsetzen.	3 bis 5

Der Tabelle können Sie entnehmen, dass `Suspend-Job` und `Resume-Job` separat zu behandeln sind, da sie sogenannte *Workflows* steuern.

Workflows ähneln Funktionen, laufen aber innerhalb der Workflow Foundation Engine. Sie gelten seit der Einführung der Desired State Configuration als überholt, in PowerShell 6+ stehen sie nicht mehr zur Verfügung.

```
# Einen neuen Hintergrundauftrag starten
Start-Job -ScriptBlock {
  Get-FileHash -Path 'PowerShell-7-win-x64.msi'
}

# Statusinformationen erhalten
Get-Job

# Ergebnisse des Auftrags sichtbar machen
Receive-Job
```

Da Sie den Befehl in den Hintergrund schicken, erhalten Sie zunächst keinerlei Rückmeldung. Wenn der Befehl ausgeführt wurde, können Sie mit `Receive-Job` die Ergebnisse sichtbar machen – aber nur einmal. Möchten Sie die Ergebnisse ein weiteres Mal aufrufen, müssen Sie den Parameter `-keep` verwenden.

```
$job1 = Start-Job -ScriptBlock {..}
$job2 = Start-Job -ScriptBlock {..}
Get-Job | Wait-Job | Receive-Job -keep

# Jobergebnisse gezielt abrufen
Receive-Job -job $job1 # -keep

# Jobliste löschen
Get-Job | Delete-Job
```

Mit den Cmdlets rund um das Thema Jobs können Sie gezielt Befehle als Hintergrundaufträge ausführen lassen. Mit `Wait-Job` warten Sie auf das Fertigstellen eines oder mehrerer Jobs. Was in diesem Kontext zunächst etwas widersinnig wirkt, ist in dem Moment sehr sinnvoll einsetzbar, in dem Sie die Ergebnisse Ihrer Aufträge zwingend benötigen, um einen Schritt weiterzugehen. Sie erstellen typischerweise eine Reihe von Jobs, die dann zunächst parallel im Hintergrund verarbeitet werden. Anschließend warten Sie auf die Fertigstellung, bevor Sie fortfahren. Seit PowerShell 6 können Sie auch den Background-Operator & zum Erstellen eines Jobs verwenden.

```
Get-FileHash -Path 'PowerShell-7-win-x64.msi' &
```

KAPITEL 17

Überblick über die Integration in Produkte

Für viele Anwender sind die integrierten Fähigkeiten der PowerShell weit weniger interessant als die Administration spezifischer Applikationen und Dienste. Einige weitverbreitete Anwendungsfälle und deren spezielle Integration in die PowerShell sollen nun beispielhaft zur Sprache kommen.

Active Directory

Das Modul *Active Directory* stellt einen Satz von 147 Cmdlets zur Verwaltung des Active Directory (AD) bereit. Zusätzlich wird mit diesem Modul ein Provider für das AD eingebunden. Damit kann die Domäne als Laufwerk verbunden werden. Der Standardlaufwerkbezeichner ist *AD*. So kann mit dem einfachen Befehl `cd AD:` in das Active Directory gewechselt werden, als würden Sie zwischen Laufwerken im Dateisystem wechseln.

Microsofts Active-Directory-Modul wurde mit Windows 7 und Windows Server 2008 R2 eingeführt. Zuvor war der Zugriff mithilfe alternativer Cmdlets der Firma Quest (heute Dell) möglich. Für den Zugriff auf das Active Directory nutzt der Provider den *Active Directory Web Service* (ADWS), der auf TCP-Port 9389 Anfragen entgegennimmt. Sollte der Zugriff auf das Active Directory fehlschlagen, kann unter Umständen der einfache Neustart dieses Diensts bereits den Fehler beheben. Die Cmdlets stehen auf Domain-Controllern und ADLDS-Servern (*Active Directory Lightweight Directory Services*) durch die Installation der Serverrolle unmittelbar zur Verfügung. Benötigen Sie die Cmdlets auf einem Server, der selbst keine dieser Rollen übernimmt – zum Beispiel auf einem

Remote-Desktop-Server –, müssen Sie die entsprechenden RSAT-Features nachinstallieren. Vergleichen Sie hierzu das Kapitel 10, *Den Funktionsumfang der PowerShell erweitern.*

```
# Eine neue Organisationseinheit anlegen
New-ADOrganizationalUnit -Name 'Forschung'

# Einen neuen Benutzer anlegen
New-ADUser -Name 'Ada Lovelace' -SamAccountName 'LovelaceA'
-AccountPassword (Read-Host -AsSecureString)
  -Enabled $true -Path 'ou=Forschung,DC=oreilly,DC=de'

# Eine neue Gruppe anlegen
New-ADGroup -Name 'Informatiker'
  -SamAccountName 'Informatiker' -GroupCategory 'Security'
  -GroupScope 'Global'
  -Description 'Berühmte Informatiker'
  -Path 'ou=Forschung,DC=oreilly,DC=de'

# Hinzufügen von Benutzern zu Gruppen
Add-ADGroupMember -Identity 'Informatiker'
  -Members 'LovelaceA'
```

Das Anlegen eines Benutzers geht typischerweise mit der Übergabe sehr vieler Werte einher: Durch Beschreibung und Adressinformationen entwickeln sich schnell übermäßig lange Einzeiler. Dem kann man entgegenwirken, indem man mithilfe des sogenannten *Splattings* (`help about_Splatting`) die Parameter als Hashtabelle übergibt. Splatting wurde in PowerShell 3 eingeführt und kann mit beliebigen Cmdlets genutzt werden. Der Name der Variablen ist frei wählbar, entscheidend ist das `@`-Zeichen hinter dem Cmdlet, das die Werte der Hashtabelle als Parameter/Argument-Paar an den Befehl übergibt. Der wesentliche Vorteil ist die gute Lesbarkeit. Mehr zum Splatting erfahren Sie im Abschnitt »Assoziative Arrays: Hash Tables« auf Seite 54.

```
# Splatting der Parameter am Beispiel New-ADUser
$parameters = @{
    Name='Ada Lovelace'
    SamAccountName='LovelaceA'
    AccountPassword=Read-Host -AsSecureString
    Enabled=$true
    Path='ou=Forschung,DC=oreilly,DC=de'
    GivenName='Ada'
```

```
    Surname='Lovelace'
    DisplayName='Ada Lovelace'
    Description='Testkonto'
    Title='Countess of Lovelace'
    Company='Oreilly'
    City='London'
    Country='GB'
    OtherAttributes=@{'carLicense'='LA42 ADA'}
}
New-ADUser @parameters
```

Tipp

Wenn Sie mit dem *Active Directory Administrative Center* (Active-Directory-Verwaltungscenter), einem der grafischen Verwaltungswerkzeuge, administrative Aufgaben durchführen, erzeugen Sie de facto PowerShell-Code. Sie können diesen Code in der PowerShell-History der Konsole einsehen, herauskopieren und für Ihre Zwecke anpassen. Auf diese Weise können Sie mit geringem Aufwand Ihre Arbeit automatisieren: Sie erstellen grafisch einen *Prototyp*, kopieren die Codezeilen und haben in Windeseile ein funktionierendes Beispiel vorliegen. Sensible Daten, wie etwa Passwörter, sind in dieser Historie nicht gespeichert, an diesen Stellen müssen Sie den Code manuell anpassen.

Eine Besonderheit des AD-Providers stellt der Umgang mit serverseitigen Filtern dar. Einerseits verlangen viele `Get-AD`-Cmdlets zwingend die Übergabe eines Filters, andererseits liefern die Ergebnisse oft nicht die gewünschte Information. Obgleich Sie den Benutzer finden, wird das System nicht alle Attribute des Benutzerkontos auflisten. Erst wenn Sie explizit mit dem Parameter `-Properties` * alle Eigenschaften des Objekts anfordern, erhalten Sie die gewünschte Information.

```
# Clientseitiges Filtern liefert nicht alle Benutzerdaten zurück.
Get-ADUser -Identity 'LovelaceA' | Select-Object -Property *

# Serverseitiges Filtern ist hingegen erfolgreich.
Get-ADUser -Identity 'LovelaceA' -Properties *
```

Sie werden in vielen Fällen nicht nur nach einem einzelnen Konto suchen. Die Get-AD-Cmdlets bieten Ihnen allgemein drei verschiedene Parameter zur Suche an: `-Identity`, `-Filter` und `-LDAPFilter`.

Diese drei Parameter schließen sich gegenseitig aus, sie sind als Parametersätze implementiert (weitere Informationen zu Parametersätzen finden Sie in Kapitel 4, *Das Hilfesystem*). Sowohl `-Filter` als auch `-LDAPFilter` haben ihre ganz eigene Syntax, in beiden Fällen werden ihre Ausdrücke an den Server übermittelt, der unmittelbar nur zutreffende Objekte zurückliefert. Diese Suche ist um ein Vielfaches schneller, als wenn Sie unscharf zum Beispiel nach allen möglichen Benutzern suchen. LDAP-Filter können Sie ebenfalls grafisch erstellen, diesmal in der Konsole *Active Directory Users and Computers* (Active-Directory-Benutzer und -Computer) im Abschnitt *Saved Queries* (gespeicherte Abfragen).

```
# Suche nach mehreren AD-Objekten
Get-ADUser -Filter { title -like 'Countess*' }

Get-ADUser -LDAPFilter '(&(objectCategory=user)
  (objectClass=user)(title=Countess*))'

Get-ADGroup -Filter { description -like 'Berühmte*' }
```

Die bisher genannten Cmdlets nutzen Sie im Wesentlichen für die Kontenverwaltung. Es gibt zahlreiche weitere Cmdlets für die Topologieverwaltung bzw. das Management vieler weiterer Aspekte des Active Directory. Ein letztes Beispiel soll zeigen, wie mächtig und sinnvoll einsetzbar die PowerShell-Cmdlets in Abgrenzung zu den grafischen Werkzeugen sind – auch dann, wenn Sie nur eine kleine Infrastruktur betreuen.

Ein wesentliches Merkmal des Active Directory ist die mögliche Verschachtelung von Gruppen. Ein Benutzer kann Mitglied in einer ersten Gruppe sein, diese erste Gruppe ist ihrerseits Mitglied einer zweiten Gruppe – und so fort. Die sich daraus ergebenden indirekten mittelbaren Gruppenmitgliedschaften können Sie in den Konsolen nirgendwo auf einen Blick einsehen. Mit der PowerShell erledigen Sie diese Aufgabe mit einem einzelnen Befehl.

```
# Erzeugen einer Gruppe mittels Splatting
$parameters = @{
    Name='Wissenschaftler'
    SamAccountName='Wissenschaftler'
    GroupCategory='Security'
    GroupScope='Global'
    Path='ou=Forschung,DC=oreilly,DC=de'
    Description='Berühmte Wissenschaftler'
}
New-ADGroup @parameters

# "Nested group membership"
Add-ADGroupMember -Identity 'Wissenschaftler'
  -Members 'Informatiker'

# Ada Lovelace => Informatiker => Wissenschaftler
Get-ADPrincipalGroupMembership -Identity 'LovelaceA' |
  Select-Object -Property Name
Get-ADGroupMember -Identity 'Wissenschaftler' -Recursive |
  Select-Object -Property Name
```

Im Coderepository zu diesem Buch finden Sie einige weitere interessante Beispiele zur Verwaltung des Active Directory.

Microsoft Exchange

Microsoft Exchange ist für die Entwicklungsgeschichte der PowerShell ein herausragendes Produkt. Exchange 2007 war das erste Serverprodukt, das die PowerShell unterstützte und durch eine Vielzahl Exchange-spezifischer Cmdlets die neue Shell in den Fokus der Aufmerksamkeit rückte.

Exchange 2016/2019 weist schon in der Standardkonfiguration mehr als 800 Cmdlets und eine ganze Reihe von Besonderheiten in der Implementierung auf. Die Exchange-Cmdlets, allesamt als Funktionen implementiert, werden über die mittlerweile veralteten PowerShell-Snap-ins bereitgestellt; zur Entwicklungszeit von Exchange 2007 existierten noch keine Module (diese wurden erst mit PowerShell 2 eingeführt). PowerShell 7 unterstützt keine Snap-ins, Sie können jedoch über das PowerShell Remoting mittels PowerShell 7 auch auf Exchange zugreifen.

Wenn Sie lokal oder über eine RDP-Verbindung auf dem Exchange-Server arbeiten, können Sie grundsätzlich mittels `Get-PSSnapin -Registered | Add-PSSnapin` alle Snap-ins in der Windows PowerShell laden und so auf die Exchange-Funktionen zugreifen. In der Regel werden Sie jedoch zunächst die *Exchange Management Shell* (EMS) verwenden, da diese prominent im Startmenü des Exchange-Servers gelistet ist. Die EMS ist keine eigene Shell, obgleich der Name dies suggeriert, sondern lediglich eine Startmenüverknüpfung für die (Windows) PowerShell, die im Wesentlichen ein Startskript ausführt. Die folgenden Codezeilen können Sie auch in der PowerShell ISE oder in VSCode ausführen und erhalten damit die gleiche Funktionalität wie in der EMS.

```
# Starten der "Exchange Management Shell" in einer
# beliebigen PowerShell-Sitzung
. 'C:\Program Files\Microsoft\
   Exchange Server\V15\bin\RemoteExchange.ps1'
Connect-ExchangeServer -auto
  -ClientApplication:ManagementShell
```

Diese Startbefehle generieren einige nützliche Zusatzfunktionen und binden zur Laufzeit die Exchange-spezifischen Cmdlets als *Proxymodul* ein. Wenn Sie die Exchange-Cmdlets in der ISE oder in VSCode verwenden wollen, können Sie sich die beiden Befehle aus der Verknüpfung in eine der Profildateien (siehe Abschnitt »Profile« auf Seite 105) kopieren.

Die Exchange-Cmdlets weisen leider keine produktspezifische Kennzeichnung analog zum Präfix `AD` auf. Somit ist es etwas schwieriger, diese Cmdlets zu identifizieren. Postfachaktivierte Benutzer rufen Sie mit `Get-Mailbox` ab, wahrlich kein hinreichend eindeutiger Name. Wenn Sie die EMS gestartet haben, können Sie sich die Befehle mit den nachfolgenden Befehlen auflisten lassen. Ersetzen Sie »ex1.oreilly.de« durch den Namen des Exchange Servers, den Sie mit `Get-Module` angezeigt bekommen.

```
# Exchange-Cmdlets finden
Get-Command -Module ex1.oreilly.de
Get-ExCommand | Where-Object -filterscript {
  $_.ModuleName -eq 'ex1.oreilly.de'
}
```

```
# Einen neuen Benutzer/eine Mailbox anlegen
$parameters = @{
    Name='Charles Babbage'
    UserPrincipalName='charles.babbage@contoso.com'
    SamAccountName='BabbageC'
    Password = Read-Host -AsSecureString
    OrganizationalUnit='OU=Forschung,DC=contoso,DC=com'
    FirstName='Charles'
    LastName='Babbage'
    DisplayName='Babbage, Charles'
}
New-Mailbox @parameters

# Mailboxen abfragen: -identity unterstützt auch Jokerzeichen
Get-Mailbox -identity 'Charles*'
```

Snap-in oder Modul? – Implizites Remoting!

Hieß es nicht eingangs, dass Exchange die veraltete Snap-in-Technik nutzt? Und dennoch war gerade eben von Modulen die Rede? Die Antwort auf diese berechtigte Frage bietet der Begriff *implizites Remoting*, der im Abschnitt »Implicit Remoting« auf Seite 150 näher erläutert wird.

Selbst wenn Sie lokal auf dem Exchange Server arbeiten und die dort verknüpfte EMS starten, baut Ihre PowerShell zunächst eine *Remotesitzung* mit dem Exchange Server – also mit sich selbst – auf. Die Exchange-spezifischen Cmdlets werden als Proxymodul in die Session eingeblendet, und dabei spielt es überhaupt keine Rolle, dass Sie lokal auf dem Exchange Server angemeldet sind. Aus diesem Grunde sehen Sie in der EMS auch ein geladenes (Proxy-) Modul anstelle eines Snap-ins – das implizite Remoting abstrahiert diese Schicht.

Sie können auf jedem anderen Domänenmitglied in Ihrem Netzwerk angemeldet sein, mit wenigen Zeilen blenden Sie in gleicher Weise die Exchange-Befehle als Proxymodul in Ihre Sitzung ein.

```
# "Implicit Remoting" Microsoft Exchange
$pssession = New-PSSession
  -ConfigurationName Microsoft.Exchange
  -ConnectionUri 'http://ex1.oreilly.de/PowerShell/'
  -Credential (Get-Credential) -Authentication Kerberos
```

```
Import-PSSession $psSession

# Optional: Export des Moduls
Export-PSSession -Session $pssession
  -OutputModule 'ex1.oreilly.de'
```

Snap-ins werden seit PowerShell 6 nicht mehr unterstützt. Das oben gezeigte Listing funktioniert aber tadellos auch mit PowerShell 6 und 7, da Sie gar nicht unmittelbar auf die Snap-ins zugreifen. Sogar mit Linux und macOS als Client können Sie diesen Weg prinzipiell nutzen, einzig die Authentifizierung erfordert in diesen Fällen typischerweise mehr Aufwand, da diese Hosts nicht in der gewohnten Weise Mitglieder der Domäne sind und Sie vorab gegebenenfalls den Remotezugriff über SSH konfigurieren müssen.

Mit `Remove-PSSession` bauen Sie die Verbindung zum Server wieder ab. Sie werden sehr geringe Unterschiede zwischen dem einfachen Laden des Proxymoduls und der EMS feststellen. Natürlich fehlen Ihnen das leicht angepasste Prompt und die Tipps zum Start, da diese von dem bereits erwähnten Startskript erzeugt werden.

Installation der Verwaltungstools unter Windows 10

Sie können alternativ zum impliziten Remoting auch die Verwaltungstools von Microsoft Exchange auf dem Windows-Client installieren. Sie benötigen hierzu den Installationsdatenträger von Microsoft Exchange. Wählen Sie während des Exchange-Setups ausschließlich die *Management Tools* (Verwaltungstools). Damit das gelingt, müssen Sie zuvor einige Komponenten nachinstallieren. Wie das skriptgesteuert funktioniert, sehen Sie im folgenden Listing. Die Beispiele beziehen sich auf Exchange 2019, sollten aber auch mit älteren Exchange-Versionen in gleicher oder sehr ähnlicher Weise funktionieren.

```
# Installation der Vorvoraussetzungen
Enable-WindowsOptionalFeature -Online
  -FeatureName IIS-LegacySnapIn, IIS-Metabase,
  IIS-IIS6ManagementCompatibility -all

# Download/Install Microsoft Visual C++ 2012
# Redistributable Package
```

```
$uri = 'http://download.microsoft.com/download/1/6/B/16B06F60-
3B20-4FF2-B699-5E9B7962F9AE/VSU_4/vcredist_x64.exe'

Invoke-RestMethod -Uri $uri -OutFile $uri.Split('/')[-1]

Start-Process -FilePath $uri.split('/')[-1]  -Wait
  -ArgumentList '/passive /norestart'

# Installation der "Management Tools" vom Exchange-Datenträger
.\Setup.exe /IAcceptExchangeServerLicenseTerms
  /Role:ManagementTools
```

Sie erhalten hiermit auch die Startmenüverknüpfungen, die Sie vom Exchange-Server kennen. Dennoch erscheint mir die oben vorgestellte Option des impliziten Remotings deutlich alltagstauglicher – weil unkomplizierter.

Microsoft 365 (Office 365)

Nach mehreren Umbenennungen vertreibt Microsoft unter der Bezeichnung *Microsoft 365* seine abonnementgestützten Groupwaredienste, eine sich stetig verändernde Bündelung von Office, Exchange, SharePoint und vielen weiteren Komponenten.

Microsoft hat verschiedene Anläufe unternommen, diese Abonnementdienste über die PowerShell administrierbar zu machen. Zum einen gibt es dort eine Vielzahl von untereinander weitgehend unabhängigen Modulen für die Verwaltung von Exchange Online, SharePoint Online etc., zum anderen sind es jene Erweiterungen, die die Benutzer- und Lizenzverwaltung von *Microsoft 365* adressieren.

Das Backend der Benutzerverwaltung von Microsoft 365 bildet das *Azure Active Directory*. Zur Administration dieses Azure Active Directory und damit der Benutzerverwaltung von Microsoft 365 existieren zwei konkurrierende Module.

- MSOnline (alt)
  Microsoft Azure Active Directory Module for Windows PowerShell
  Nomenpräfix: MSOL, zum Beispiel: `Get-MsolUser`
- AzureAD (neu)
  Azure Active Directory V2 PowerShell Module

auch: *Azure Active Directory PowerShell for Graph*
Nomenpräfix: AzureAD, zum Beispiel: `Get-AzureADUser`

Vom neueren AzureAD-Modul gibt es in der PSGallery wiederum zwei Varianten: das *Azure Active Directory V2 General Availability Module* und das *Azure Active Directory V2 Preview Module*.

Die Fähigkeiten der Module überlappen, jedoch bietet jedes Modul (noch) exklusive Fähigkeiten, sodass Sie von Zeit zu Zeit auch dann auf das *alte* Modul zurückgreifen müssen, wenn Sie die *neue* Implementierung bevorzugen. Im Abschnitt »Azure Active Directory« auf Seite 167 lernen Sie den Zugriff auf *Microsoft 365* mithilfe des AzureAD-Moduls kennen. Zunächst werfen wir in diesem Kapitel einen Blick auf das *ältere* MSOnline-Modul.

```
# Installation der ersten Generation
Find-Module -name MSOnline | Install-Module -Scope AllUsers

# Nur für PowerShell 7
Import-Module -Name MSOnline -UseWindowsPowerShell
```

Sie erkennen am letzten Beispiel, dass das MSOnline-Modul nicht vollständig kompatibel zu PowerShell 7 ist. Mit dem expliziten Laden des Moduls und dem Parameter `-UseWindowsPowerShell` lässt sich dieses Problem jedoch umgehen, allerdings nur unter Windows. Dort können Sie alternativ auch direkt zur Windows PowerShell greifen.

Sie müssen sich zunächst authentifizieren und können sich dann Basisinformationen verschaffen.

```
# Passwort/Benutzername
$cred = Get-Credential
Connect-MsolService -Credential $cred

# Basisinformationen ermitteln
Get-MsolCompanyInformation
Get-MsolDomain
```

Sie erkennen an den Beispielbefehlen, dass die relevanten Cmdlets das Kürzel `Msol` nach dem Bindestrich aufweisen und sich damit von den Azure-AD-Befehlen der zweiten Generation unterscheiden. Die folgenden Beispiele demonstrieren einige typische Aufgaben.

```
# Einen neuen Benutzer anlegen
$parameters = @{
  UserPrincipalName='fran.allen@oreilly.de'
  DisplayName='Fran Allen'
  FirstName='Frances Elizabeth '
  LastName='Allen'
  Password='Pa$$w0rd'
  UsageLocation='DE'
  LicenseAssignment='oreilly:ENTERPRISEPACK'
  PreferredDataLocation='EUR'
}
New-MsolUser @parameters

# Benutzerdaten abrufen und modifizieren
$MsolUsers = Get-MsolUser
$MsolUsers | Format-Table -Property UserPrincipalName,
  DisplayName,isLicensed, PasswordNeverExpires -AutoSize

$MsolUsers | Where-Object -filterscript {
  $_.PasswordNeverExpires -eq $false
} | Set-MsolUser -PasswordNeverExpires $true
```

Wie eingangs erwähnt, besteht Microsoft 365 aus einer Vielzahl von Serverdiensten. Für jedes Produkt im Hintergrund existieren spezifische Module und Cmdlets, die hier keine weitere Erläuterung erfahren können. Allerdings wiederholen sich die Prinzipien und Verfahrensweisen, sodass Sie hoffentlich schnell Zugriff darauf finden.

Azure Active Directory

Azure Active Directory (kurz AzureAD) ist Microsofts Onlineplattform zur Identitäts- und Rechteverwaltung. AzureAD hat technisch recht wenige Gemeinsamkeiten mit dem klassischen Active Directory, es verfolgt im Kern aber ein ähnliches Ziel: Sie erzeugen an zentraler Stelle eine Benutzerdatenbank, die Sie dann zur Authentifizierung und Autorisierung in beliebigen Anwendungen – wie Microsoft 365 – nutzen können.

Sie finden das Modul in der PSGallery unter der ID *AzureAD*. Neben der stabilen Version bietet Microsoft dort auch eine Vorabversion an: *AzureADPreview*. Weitere Informationen finden Sie im Abschnitt »Microsoft 365 (Office 365)« auf Seite 165.

Um die nachfolgenden Beispiele ausprobieren zu können, benötigen Sie entweder ein Microsoft-365-Abonnement oder ein Azure-Konto, das Sie zu Testzwecken für einen begrenzten Zeitraum kostenfrei nutzen können.

```
# AzureAD-Modul bereitstellen
Find-Module -Name AzureAD |
  Install-Module -Scope CurrentUser -Force

Get-Command -Module AzureAD

# AzureAD in PowerShell 7 laden
Import-Module -Name AzureAD -UseWindowsPowerShell

# Verbinden
$context = Connect-AzureAD

# Anzeigen einiger wichtiger Details
$context.Tenant.Id
Get-AzureADTenantDetail
Get-AzureADDomain
```

Leider ist das AzureAD-Modul (Mitte 2020) nicht vollständig kompatibel zu PowerShell 7. Sie können das Modul in der Windows PowerShell verwenden, oder Sie laden es explizit im Kompatibilitätsmodus mit dem Parameter `-UseWindowsPowerShell`. Weitere Details hierzu erfahren Sie in Kapitel 20, *Neuerungen in PowerShell 7*.

Das Verwalten von Benutzern und Gruppen hat durchaus Ähnlichkeit mit den Verfahren, die Sie in Active Directory, Microsoft Exchange oder Microsoft 365 kennengelernt haben. Allerdings unterscheidet sich die Behandlung von Passwörtern signifikant: Sie werden nicht als `SecureString` übergeben, sondern als ungeschütztes Attribut eines spezifischen `PasswordProfile`-Objekts.

```
# Das PasswordProfile-Objekt erzeugen
$passwordprofile =
  [Microsoft.Open.AzureAD.Model.PasswordProfile]::new()

# Hier übergeben Sie einen einfachen String.
$passwordprofile.Password = Read-Host
```

```
# Den AzureAD-Benutzer anlegen
$parameters = @{
    DisplayName='Zuse, Konrad'
    UserPrincipalName='konrad.zuse@oreilly.de'
    MailNickName='konrad.zuse'
    PasswordProfile = $passwordprofile
    AccountEnabled=$true
    GivenName='Konrad'
    Surname='Zuse'
}
New-AzureADUser @parameters
```

AzureAD kennt ebenfalls Gruppen. Im Gegensatz zum klassischen Active Directory verwenden Sie oftmals Object-IDs (anstelle von `samAccountNames`) als eindeutige Kennzeichner.

```
# Eine AzureAD-Gruppe erstellen
New-AzureADGroup -DisplayName 'Informatiker'
  -MailEnabled $false -SecurityEnabled $true
  -MailNickName 'Informatiker'

# Für die weitere Verwendung benötigen wir die Object-ID.
$group = Get-AzureADGroup -SearchString 'Informatiker'
$group.objectid

# Hinzufügen von Merkmalen
Get-AzureADUser -SearchString 'zuse' |
  Set-AzureADUser -City 'Berlin'

# Benutzer zu Gruppen hinzufügen
foreach ($user in Get-AzureADUser -SearchString 'Berlin') {
    $user.objectid
    $user.DisplayName
    Add-AzureADGroupMember -objectid $group.ObjectId
      -RefObjectId $user.objectid
}
# Mitglieder einer Gruppe anzeigen lassen
Get-AzureADGroupMember -ObjectId $group.objectid
```

Azure

Parallel zu Microsoft 365 geht die Entwicklung der Plattform *Azure* mit großen Schritten voran. Azure integriert eine Vielzahl unterschiedlicher Dienste und Technologien, und auch hier existiert eine verwirrende Vielzahl an Modulen und Cmdlets zur Administration. Nach mehreren Anläufen bildet das *Az*-Modul den gemeinsamen Überbau für zahlreiche untergeordnete Module, die mit der Installation des Hauptmoduls automatisch installiert werden. Die *Az*-Module sind für die Verwendung in der aktuellen PowerShell entwickelt worden und funktionieren tadellos in allen unterstützten Betriebssystemen.

```
# Installation der Az-Module
Find-Module -Name Az | Install-Module -Scope AllUsers
Get-Module -Name Az* -ListAvailable

# Optional: Laden aller Az-Module
Import-Module -Name Az
```

In mehr als 50 Modulen erhalten Sie weit über 3.000 Cmdlets für die verschiedenen Dienste unter dem Sammelbegriff Azure. Die meisten dieser Cmdlets erkennen Sie am Nomenpräfix `Az`, wie zum Beispiel das Cmdlet `Get-AzStorageAccount` aus dem Teilmodul *Az.Storage*.

Azure Cloud Shell

Als Teil des Azure-Portals kann im Webbrowser eine vorkonfigurierte Shell genutzt werden, die sogenannte Cloud Shell. Die Cloud Shell ist als Linux-Container realisiert, der von Microsoft mit vielen nützlichen Erweiterungen vorkonfiguriert wurde und fortlaufend aktualisiert wird. Um eigene Dateien speichern zu können, wird mit der ersten Verwendung ein persistenter Speicher in Ihrem Benutzerkontext erstellt.

Azure Cloud Shell lässt Ihnen die Wahl zwischen der aktuellen PowerShell und der Bash. Neben den `Az`-Cmdlets haben Sie die Möglichkeit, mithilfe der Azure CLI Ihre Ressourcen zu verwalten, einer Python-basierten Alternative zu den *Az*-Modulen.

Für die nächsten Schritte benötigen Sie ein autorisiertes Konto zum Zugriff auf Azure. Sie können ein kostenfreies Testkonto erstellen, mit dem Sie für einen beschränkten Zeitraum auch kostenpflichtige Dienste nutzen können. Microsoft gewährt Ihnen hierfür ein Startguthaben. Alle notwendigen Informationen finden Sie auf der Azure-Startseite: *https://azure.microsoft.com/de-de/*

```
# Azure-Log-in
Connect-AzAccount -UseDeviceAuthentication
Get-AzContext

# Azure-Log-out
Disconnect-AzAccount
```

Die *DeviceAuthentication* ermöglicht Ihnen die sichere, browsergestützte Anmeldung an Azure einschließlich Multifaktorauthentifizierung. Einmal angemeldet, ist für die nächsten Schritte keine weitere Authentifizierung erforderlich. Mit `Get-Azcontext` können Sie jederzeit Ihren Status prüfen.

In Azure sind Sie wiederholt mit einigen grundlegenden Elementen konfrontiert: *Subscriptions* spiegeln Ihre Abonnementdaten, *Resource Groups* dienen als Organisationselemente, *Storage Accounts* reflektieren Ihre Massenspeicherkonfiguration und *Locations* den physischen Standort der verwendeten Ressourcen.

```
# Überblick über bereits verwendete Ressourcen
Get-AzSubscription
Get-AzResourceGroup
Get-AzStorageAccount
Get-AzLocation | Select-Object -Property Location
```

Azure File Share

Sie können mit einigen Zeilen PowerShell-Code eine cloudbasierte Dateifreigabe einrichten, die sich anschließend als Laufwerk einbinden lässt. Diese Konfiguration eignet sich gut, um mit den wiederkehrenden Prinzipien in Azure vertraut zu werden.

```
# Ihre Konfiguration, passen Sie die Werte an
$rg = 'DemoRG'
$location = 'westeurope'
```

```
$accountName = 'oreilly'
$sku = 'Standard_LRS' # Standard Locally Redundant Storage

# ResourceGroup und StorageAccount erstellen
New-AzResourceGroup -Name $rg -Location $location

New-AzStorageAccount -Name $accountName
  -ResourceGroupName $rg -Location $location -SkuName $sku

# Konfiguration prüfen
Get-AzStorageAccount -ResourceGroupName $rg
```

Unser Azure File Share ist eine öffentlich erreichbare Ressource. Somit benötigen Sie ein komplexes Passwort zum Schutz Ihrer Daten. Ein solches komplexes Passwort hat Azure im Hintergrund mittels des *StorageAccounts* bereits vergeben. Rufen Sie es in den nächsten Schritten ab und verwenden Sie es, um sich mit Ihrer Ressource zu verbinden.

```
# Den Zugriffsschlüssel ermitteln
$storageskeys = Get-AzStorageAccountKey
  -ResourceGroupName $rg -AccountName $accountName

# Den Storage-Kontext definieren
$storageContext = New-AzStorageContext
  -StorageAccountName $accountName
  -StorageAccountKey $storageskeys[0].Value

# Die Freigabe erstellen
$share = New-AzStorageShare -Name 'kurzundgut'
  -Context $storageContext
# Die Konfiguration überprüfen (entspricht $share)
Get-AzStorageShare -Context $storageContext
```

Ihre cloudbasierte Freigabe sollte nun bereits verfügbar sein. Sie können auch im Azure-Portal Ihre Konfiguration einsehen:

Home > Resource Groups > DemoRG > File Shares > kurzundgut

Im Kontext der Freigabe haben Sie mit der *Connect*-Option Zugriff auf Code-Snippets und Erklärungen für die Verbindung mit Ihrer Ressource, siehe Abbildung 17-1.

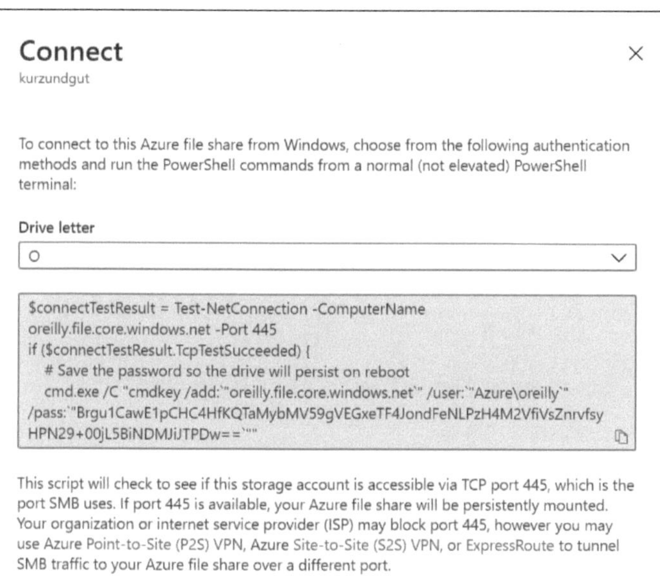

Abbildung 17-1: »Azure File Share Connect«-Option

Sie können die relevanten Daten aber auch mit der PowerShell ermitteln, siehe Tabelle 17-1.

Tabelle 17-1: Variablen und Werte zur Verbindung mit der Dateifreigabe

Variable	Wert
`$share.ShareClient.Uri.Host`	oreilly.file.core.windows.net
`$share.name`	kurzundgut
`$storageskeys[0].Value`	(Passwort im Klartext)

Da der Zugriff auf Freigaben mittels Port 445 (SMB) oftmals unterbunden wird, sollten Sie zunächst prüfen, ob die Ressource netzwerkseitig überhaupt erreichbar ist.

```
# Erreichbarkeit testen
Resolve-DnsName -Name $share.ShareClient.Uri.Host
Test-NetConnection -Port 445
  -ComputerName $share.ShareClient.Uri.Host
```

Sollte das erfolgreich sein, können Sie das Laufwerk verbinden.

```
# Variablen für den Zugriff erstellen
$password = ConvertTo-SecureString
  -String $storageskeys[0].Value -AsPlainText -Force

$cred = [System.Management.Automation.PSCredential]::new(
    "AZURE\$accountName", $password
)

$smbUri = '\\' +
  $share.ShareClient.Uri.Host + '\' + $share.Name

# Laufwerk verbinden
New-PSDrive -Name 'O' -PSProvider FileSystem
  -Root $smbUri -Credential $cred -Persist
```

Leider neigt Windows dazu, Zugangsdaten für Laufwerke zu *vergessen*. Stabiler wird das Ganze, wenn Sie die Zugangsdaten mithilfe der Applikation *cmdkey* hinterlegen. Leider erfordert dies ein wenig Sonderzeichenmagie.

```
cmd.exe /C
  "cmdkey.exe /add:`"$($share.ShareClient.Uri.Host)`"
  /user:`"Azure\$accountname`"
  /pass:`"$($storageskeys[0].Value)`""
New-PSDrive -Name 'O' -PSProvider FileSystem
  -Root $smbUri -Persist
```

Der Zugriff für Linux und macOS erfolgt analog mittels SMB-Mount, die jeweils gültigen Details listet die Connect-Option.

Azure VM

Ein weiteres Beispiel, das sich gut zum Verständnis der Az-Administration eignet, sind Azure-VMs – virtuelle Maschinen, vergleichbar mit Hyper-V, die in Microsofts Rechenzentren laufen.

```
$vmParams = @{
    ResourceGroupName    = $rg
    Name                 = 'DemoVM'
```

```
    Location             = $location
    ImageName            = 'Win2019Datacenter'
    PublicIpAddressName = 'DemoPublicIp'
    Credential           = $cred
    OpenPorts            = 3389
}
$newVM1 = New-AzVM @vmParams
```

Ein teures Vergnügen

Auch wenn sie sich gut zur Demonstration eignen: Virtuelle Maschinen als Azure-Ressource zu betreiben, ist auf Dauer ein kostspieliges Vergnügen. Die Stärke von Cloud-Diensten ist allgemein eher darin zu sehen, dass man Dienste möglichst auf einer abstrakten Ebene definieren kann. In diesem Kontext sind die Azure File Shares das bessere Beispiel.

Nachdem Sie die VM erstellt haben, können Sie unter anderem mit RDP auf das Betriebssystem zugreifen.

```
# Überblick über die neue VM verschaffen
$newVM1.OSProfile

$newVM1 | Get-AzNetworkInterface |
  Select-Object -ExpandProperty IpConfigurations |
    Select-Object Name, PrivateIpAddress

$publicIp = Get-AzPublicIpAddress -Name DemoPublicIp
  -ResourceGroupName $rg

$publicIp | Select-Object Name, IpAddress,
  @{label = 'FQDN'; expression = { $_.DnsSettings.Fqdn } }

# Zugriff mittels RDP
Get-AzRemoteDesktopFile -ResourceGroupName $rg
  -Name 'DemoVM' -LocalPath 'DemoVM.rdp'

# Alternativ
mstsc.exe /v $publicIp.IpAddress
```

Nach Abschluss Ihrer Tests können Sie die VM löschen. Beachten Sie, dass das Löschen der VM nicht alle assoziierten Ressourcen (wie den verwendeten Massenspeicher) löscht. Alternativ bietet es sich an, die Ressourcengruppe zu löschen, womit Sie alle enthaltenen Elemente entfernen. Da das recht zeitaufwendig ist, sollten Sie diesen Befehl als Hintergrundauftrag auszuführen.

```
# Löschen der VM
$newVM1 | Remove-AzVM -Force

# Löschen der vollständigen Ressourcengruppe
Remove-AzResourceGroup -Name $rg -Force -AsJob
```

KAPITEL 18

Webservices nutzen

Als Webservice bezeichnet man eine plattformunabhängige, maschinenlesbare Kommunikationsschnittstelle, die mittels HTTP(S) Anfragen entgegennimmt und typischerweise strukturierte Daten im XML-, JSON- oder CSV-Format ausliefert. Anfragen an den Webservice werden im URI codiert, die Entwickler des Diensts definieren die Syntax für einen solchen Zugriff.

```
Invoke-WebRequest -Uri 'http://ipinfo.io/json'
Invoke-WebRequest -Uri 'http://worldtimeapi.org/api/ip'
```

Der Zugriff auf Webservices erfolgt in der PowerShell mit zwei Cmdlets, die – vergleichbar mit dem populären Kommandozeilenprogramm `curl` – HTTP(S)-Anfragen an einen Webserver senden: `Invoke-WebRequest` und `Invoke-RestMethod`.

`Invoke-WebRequest` gibt die vollständige Antwort des Webservice aus – einschließlich des HTTP-Statuscodes und anderer Kommunikationsdaten. Der für Sie relevante Inhalt findet sich in der Eigenschaft `Content`. Wenn Sie den Inhalt dort betrachten, sehen Sie eine Zeichenfolge im JSON-Format (*JavaScript Object Notation*) ähnlich dem folgenden Beispiel:

```
{
  "ip": "2.3.5.7",
  "city": "Heidelberg",
  "region": "Heidelberg",
  "country": "DE",
  "loc": "49.40928,8.8659",
  "org": "AS2342 Provider Net.",
  "postal": "69123",
  "timezone": "Europe/Berlin",
  "readme": "https://ipinfo.io/missingauth"
}
```

An dieser Stelle wird sowohl die Stärke der Webservices als auch die Nähe zur PowerShell-Philosophie deutlich: Die übermittelten Daten sind maschinenlesbar in Nutzdaten (»Heidelberg«) und Metadaten (»city«) unterteilt. Webservices arbeiten objektorientiert. Sie müssen die übermittelten Daten lediglich in die PowerShell-Objekte transformieren.

```
# A: Die eigene (öffentliche) IP ermitteln
$ipinfo = Invoke-WebRequest -Uri 'http://ipinfo.io/json'
$ipinfo.Content  | ConvertFrom-Json

# B: In welcher Zeitzone befinden Sie sich?
$tzinfo = Invoke-WebRequest -Uri
  'http://worldtimeapi.org/api/ip'
$tzinfo.Content  | ConvertFrom-Json
```

Diese ersten beiden Webservices übermitteln die Nutzdaten im JSON-Format. Andere Formate sind ebenso gebräuchlich, oftmals erlauben die Webservices die Auswahl zwischen XML, JSON, CSV, reinem Text und anderem mehr.

```
# Wechselkurse der EZB ermitteln
[xml] $data = Invoke-WebRequest -Uri 'https://www.ecb.europa.eu/
stats/eurofxref/
 eurofxref-daily.xml'

$data.Envelope.Cube.Cube.Cube
```

REST-APIs

Viele Webservices sind RESTful implementiert. REST-APIs (*Representational State Transfer*) stellen eine Vereinfachung gegenüber SOAP/XML-basierten Webservices dar. Sie beschränken den Dienst auf die im Internet gängigen Protokolle und Verfahren.

Das Cmdlet `Invoke-RestMethod` ist ein Spezialist für die Kommunikation mit REST-APIs. Es interpretiert die übermittelten Inhalte und stellt sie unmittelbar als PowerShell-Objekte dar.

```
Invoke-RestMethod -Uri 'http://ipinfo.io/json'
Invoke-RestMethod -Uri 'http://worldtimeapi.org/api/ip'
```

In Abhängigkeit von der verwendeten API werden Sie weitere Parameter übergeben wollen und müssen. Oftmals werden Sie so bestimmte Datenformate anfordern oder sich gegenüber dem Dienst authentifizieren.

```
# Header
Invoke-RestMethod -Headers @{'Accept' = 'application/json' }
  -Uri 'https://api.tronalddump.io/random/quote'

# Benutzername/Passwort übergeben
$cred = Get-Credential
Invoke-RestMethod -Uri 'https://ipinfo.io/json'
  -Authentication Basic -Credential $cred
```

Übrigens ...

Mit PowerShell 6 haben die beiden Webservice-Cmdlets `Invoke-WebRequest` und `Invoke-RestMethod` umfangreiche Erweiterungen erfahren, unter anderem im Umgang mit Proxykonfigurationen und vielen noch tiefer gehenden Details.

In allen Beispielen in diesem Abschnitt verwenden wir die HTTP-Methode `GET`. Da dies der Standard ist, brauchen Sie sie nicht explizit zu benennen: `Invoke-RestMethod -method Get ...`

Sie können jede andere HTTP-Methode ebenfalls verwenden, allerdings sind Sie bei den hier verwendeten kostenlosen Webservices in aller Regel funktional eingeschränkt, sodass wir es in diesem Rahmen beim Abrufen von Daten belassen.

Wichtig zu verstehen ist, dass der Webservice vorgibt, in welcher Art und Weise kommuniziert wird. Wie unterschiedlich die Dienste dahin gehend konzipiert sein können, soll das letzte Beispiel zeigen. Wikidata.org, das Backend der Wikipedia, erlaubt den Zugriff mittels *SPARQL (SPARQL Protocol and RDF Query Language)*, einer vom W3C.org standardisierten Abfragesprache. Sehr mächtig, aber auch etwas gewöhnungsbedürftig.

```
# Berühmte Informatiker suchen
$sparql = @'
  SELECT ?computer_scientistLabel ?date_of_birth WHERE {
    SERVICE wikibase:label {
```

```
      bd:serviceParam wikibase:
      language "[AUTO_LANGUAGE],en".
    }
    ?computer_scientist wdt:P106 wd:Q82594.
    OPTIONAL {
      ?computer_scientist wdt:P569 ?date_of_birth.     }
  }
  LIMIT 100
'@

Invoke-RestMethod -Headers @{'Accept' = 'text/csv' }
  -Uri "https://query.wikidata.org/sparql?query=$sparql" |
    ConvertFrom-Csv
```

KAPITEL 19

Die Evolution der PowerShell

Die PowerShell hat im Laufe der Jahre eine Reihe von signifikanten Änderungen erfahren. Es wird in vielen Fällen hilfreich sein, die Eckpunkte dieser Entwicklung zu kennen.

PowerShell 1

Die erste Version der PowerShell erschien 2006 als Updatepaket und wurde in Windows Server 2008 als optionales Feature integriert. Die Version 1 kennt einen PowerShell-Host: *powershell.exe*, auch *PowerShell-Konsole* genannt. Die 129 Cmdlets bieten nur in wenigen Fällen eine integrierte Fernabfragefunktion. Zu den Ausnahmen gehört jedoch das wichtige `Get-WMIObject`-Cmdlet, das den Zugriff auf die WMI-Schnittstelle ermöglicht und die PowerShell schon in ihrer ersten Version zu einem sehr nützlichen Alltagsbegleiter werden ließ.

```
Get-WmiObject -Class Win32_LogicalDisk -ComputerName sv1
```

Darüber hinaus ist der direkte Rückgriff auf die Objekte des .NET Framework möglich.

PowerShell 2

Die zweite Version ist integrierter Bestandteil von Windows 7 und Windows Server 2008 R2. Die Anzahl der Basis-Cmdlets erhöhte sich auf 236, zahlreiche Cmdlets bieten nun eine integrierte Fernabfragefunktion. Darüber hinaus verfügt Version 2 unter der Bezeichnung *PowerShell Remoting* über eine allgemeine Fernabfragefunktion auf

Grundlage des modernen *WS-Managements* (WS-Man), einem standardisierten Netzwerkprotokoll auf Basis von Webservices und dem *Simple Object Access Protocol* (SOAP). Mit dem Cmdlet `Invoke-Command` können nun beliebige Befehle auf entfernten Geräten ausgeführt werden, die einen WS-Man-Server bereitstellen. Als Erweiterungsoption unterstützt die PowerShell jetzt Module als Alternative zu den PowerShell-Snap-ins der ersten Version. Erstmals steht neben der PowerShell-Konsole ein zweiter Host zur Verfügung: das *Integrated Scripting Environment* (ISE).

PowerShell 3

Die dritte Version, Bestandteil von Windows 8 und Windows Server 2012, wartet mit zahlreichen Neuerungen auf. Auffällig sind die runderneuerte ISE, das Autoloading von Modulen und die aktualisierbare Hilfe (*Updatable Help*). Die Zahl der integrierten Befehle stieg sprunghaft auf 1.157 (440 Cmdlets, 717 Funktionen), was wesentlich der CDXML-Technologie (*Cmdlet Definition XML*) zu verdanken ist, mit der Cmdlets auf Grundlage von WMI-Klassen weitgehend automatisiert erzeugt werden. Mit den CIM-Cmdlets (*Common Information Model*) führt Microsoft seine Bemühungen fort, eine standardisierte Verwaltungsschnittstelle zu schaffen, die Fernzugriffe über das moderne WS-Man-Protokoll nutzt. Die vertraute WMI-Technologie, die für den Fernzugriff DCOM (*Distributed COM*) nutzt, bleibt zwar erhalten, wird aber perspektivisch durch ihre modernen Pendants ersetzt.

Mit der vereinfachten Syntax kann ab PowerShell 3 in einigen Fällen auf geschweifte Klammern und die automatische Variable `$_` verzichtet werden:

```
# Beispiel 1: klassische Schreibweise (Array-Syntax)
Get-Process |
  Where-Object -FilterScript { $_.Handles -gt 500 }

# Beispiel 2: vereinfachte Schreibweise (Simplified Syntax)
Get-Process | Where Handles -gt 500
```

PowerShell 4

Bei der Veröffentlichung der vierten PowerShell-Version in Windows 8.1 und Windows Server 2012 R2 standen Systempflege und Fehlerbereinigung im Mittelpunkt. Die bedeutsamste Neuerung repräsentiert die *Desired State Configuration* (DSC), mit deren deskriptivem Ansatz Rechenzentren orchestriert werden sollen. Mit dem Schlüsselwort `Configuration` wird in einem PowerShell-Skript ein Sollzustand beschrieben, bei dessen Aufruf eine MOF-Datei erzeugt wird, die mittels `Start-DscConfiguration` auf einem oder mehreren Computern angewendet wird. Da DSC im Kern keinerlei Fähigkeiten zur Konfiguration eines Betriebssystems oder einer Applikation bietet, sind sogenannte DSC-Ressourcen erforderlich, die die gewünschte Konfiguration ausführen. Die DSC-Ressource kann über ein Modul zur Verfügung gestellt werden und muss selbst keinen PowerShell-Code enthalten. DSC-Ressourcen stehen auch für Nicht-Windows-Systeme zur Verfügung, wobei der Programmcode zur Konfiguration eines Linux-Hosts beispielsweise in Python geschrieben sein kann.

PowerShell 5

Mit Windows 10 und Windows Server 2016 liefert Microsoft die fünfte Version der PowerShell aus, die zahlreiche bedeutsame Neuerungen enthält. Die Schlüsselwörter `Class` und `Enum` erlauben erstmalig das Erstellen von eigenen Klassen (*Class*) unter Verwendung eigener Datentypen (*Enum*), was das Erstellen eigener DSC-Ressourcen vereinfacht und die PowerShell syntaktisch näher an objektorientierte Hochsprachen wie C# rücken lässt. Wie üblich enthält die aktualisierte Version eine Reihe neuer Cmdlets, unter denen `ConvertFrom-String` und `Convert-String` hervorstechen. Die Cmdlets konvertieren Zeichenketten auf Grundlage von Beispielen, die der Anwender vorgibt. Die Befehle basieren auf regulären Ausdrücken, befreien den Administrator jedoch davon, diese oftmals schwer zu definierenden Suchmuster selbst zu erstellen. Die neuen Module `PowerShellGet` und `PackageManagement` ermöglichen das Nachladen und Installieren von Software. So erhält man über `Find-Module` und

`Install-Module` (Modul `PowerShellGet`) auf einfache Weise Zugriff auf die PowerShell Gallery und weitere selbst zu konfigurierende Repositories. Mit den Cmdlets `Find-Package` und `Install-Package` installiert man analog Softwarepakete. Beide Module erfordern einen NuGet-Provider (basierend auf *nuget.exe*), der bei der ersten Verwendung heruntergeladen werden kann.

Mit *Just Enough Administration* (JEA) erweitert Microsoft in PowerShell 5 die Technologie der *Constrained Endpoints* um ein Rollenmodell zur (Fern-)Administration mittels virtueller Administratorenkonten und spezifischer Endpunkte. Startet ein nicht privilegierter Anwender eine (Remote-)Session, können ihm spezifische, weiterführende Rechte zugewiesen werden. Die vielleicht auffälligste Neuerung ist im Kern keine Neuerung der PowerShell 5, sondern des zugrunde liegenden Betriebssystems: Mit Windows 10 und Windows Server 2016 stellt Microsoft erstmals seit Jahren ein signifikantes Update der Konsolenapplikation zur Verfügung. Sowohl in *cmd.exe* als auch in *powershell.exe* lässt sich die Größe der Konsole mit einfachem Ziehen verändern, wobei der angezeigte Text automatisch umbrochen wird. Der Konsolenhintergrund lässt sich granular transparent schalten, und die systemweit üblichen Tastenkombinationen zum Kopieren und Einfügen (Strg+C, Strg+V) funktionieren nun endlich auch in der Konsole.

Nano Server

Mit der Veröffentlichung der Installationsoption *Nano Server* in Windows Server 2016 erblickte zum ersten Mal eine funktionsreduzierte Version der PowerShell das Licht der Welt. Der Nano Server und damit auch die dort integrierte Version der PowerShell basieren auf dem .NET Framework Core, wie alle nachfolgenden PowerShell-Versionen. Diese erste PowerShell-Core-Version trägt jedoch noch die Versionsnummer 5.1.

Der Nano Server wird vorrangig im Kontext der Windows-Server-Containertechnologie weiterentwickelt; ihm fehlen zahlreiche Komponenten einer Standardinstallation, Miniaturisierung des Betriebssystems ist vorrangiges Ziel der Entwickler.

PowerShell 6

Mit der Version 6 stand Anfang 2018 zum ersten Mal eine installierbare Version der PowerShell für Windows, Linux und macOS bereit. Die PowerShell wird von nun an als Open-Source-Version unter der MIT-Lizenz weiterentwickelt. Ein integrierter grafischer Editor[1], wie die PowerShell ISE, steht für PowerShell 6 nicht bereit.

Die Abkehr von Windows als einzig unterstütztem Betriebssystem geht mit signifikanten Funktionseinschränkungen einher. An die Stelle des .NET Framework, das wesentlich zum Funktionsumfang der Windows PowerShell beiträgt, tritt das noch junge .NET Framework Core (2.0). Unter Linux und macOS zeigt sich die neue Shell noch weiter reduziert, da dort zum Beispiel WBEM-Implementierungen weitgehend unbekannt (unter Windows bekannt als »WMI«) und darauf aufbauende Cmdlets naturgemäß nicht verfügbar sind.

Um dem reduzierten Funktionsumfang und der Fokussierung auf das .NET Framework Core gerecht zu werden, wird diese Veröffentlichung als *PowerShell Core* bezeichnet.

Mit PowerShell 6 ändert sich der Name des ausführbaren Programms von *powershell.exe* zu *pwsh.exe*.

Das PowerShell Remoting unterstützt nun auch das *Secure-Shell-Protokoll* (SSH); die `*-PSSession`-Cmdlets erhalten hierfür den neuen Parameter `-hostname`.

```
Enter-PSSession -hostname 'linux-sv1'
Invoke-Command -HostName 'linux-sv1' -ScriptBlock { uptime }
```

Die Web-Cmdlets `Invoke-Webrequest` und `Invoke-Restmethod` erfahren signifikante Erweiterungen und Verbesserungen.

Die Unterstützung für PowerShell-Snap-ins entfällt.

1 Mit PowerShell 6 begann die (Weiter-)Entwicklung von Visual Studio Code (kurz *VSCode*) zu einem vollwertigen Ersatz für die vormals integrierte *PowerShell ISE*. VSCode ist aber kein PowerShell-Spezialist, sondern vielmehr ein Generalist unter den Codeeditoren mit einem großen Funktionsumfang und zahlreichen Erweiterungen für die unterschiedlichsten (Programmier- und Skript-)Sprachen.

Rückblickend ist Version 6 als Übergangsrelease zu bewerten. Die funktionale Lücke unter Windows war zu groß, die PowerShell unter Linux und macOS noch zu unbekannt. Dennoch war dieser Neuanfang wegweisend für nachfolgende Versionen.

KAPITEL 20

Neuerungen in PowerShell 7

PowerShell 7 wurde im März 2020 veröffentlicht und tritt strategisch gleichsam die Nachfolge von Windows PowerShell 5.1 sowie seinem direkten Vorgänger, der PowerShell 6, an. Der Namenszusatz PowerShell *Core* entfällt. PowerShell 7 basiert auf dem .NET Framework Core 3.1 und erscheint erstmals als sogenannte *LTS-Veröffentlichung* (*Long Termin Servicing*), für die drei Jahre Unterstützung garantiert wird.

Geschwindigkeitsverbesserungen

Zu den auffälligen Neuerungen der Version 7 gehört eine Reihe von Optimierungen, die die (lokale) Verarbeitung spürbar beschleunigen können. `ForEach-Object` kann Skriptblöcke unter Zuhilfenahme multipler Threads parallelisieren.

```
1..5 | ForEach-Object -Parallel { Start-Sleep -Seconds 1 }
```

Ihnen wird unmittelbar auffallen, dass die oben genannte Anweisung keinesfalls die *erwartbaren* fünf Sekunden in Anspruch nimmt, stattdessen erfolgt die Ausführung parallel. Im Hintergrund arbeitet das neu entwickelte ThreadJobs-Modul, das sich an die Syntax der Job-Cmdlets anlehnt.

```
Start-ThreadJob -ScriptBlock { Start-Sleep -Seconds 1 }
Get-Job | Wait-Job
```

Wenn Sie die erste Zeile im letzten Beispiel fünfmal hintereinander ausführen, entspricht dies dem zuvor gezeigten Beispiel mit `ForEach-Object -Parallel`. Weitere Beispiele und Erläuterungen finden Sie im Abschnitt »PowerShell Remoting mittels WinRM« auf Seite 146 und in Kapitel 16, *Hintergrundaufträge: Jobs*.

Gruppieren, sortieren, formatieren

`Group-Object`, `Sort-Object`, `Format-Table` und `Format-List` gehören zu den Cmdlets der ersten Stunde; die Algorithmen boten Steigerungspotenzial, sodass man nun in PowerShell 7 mit steigender Anzahl an Objekten signifikante Laufzeitverbesserungen erzielen kann. Das nachfolgende Listing zeigt typische Fälle. Sie können den Code sowohl in der Windows PowerShell als auch in PowerShell 7 ausführen und vergleichen.

```
$files = Get-ChildItem -Path C:\Windows -Recurse
  -force -ErrorAction SilentlyContinue

# Gruppieren
Measure-Command -Expression {
    $files | Group-Object -Property Extension |
      Sort-Object -Property Count -Descending
} | Select-Object -Property TotalSeconds

# Sortieren
Measure-Command -Expression {
    $files | Sort-Object -Property Length |
      Select-Object -Property Length, Fullname
} | Select-Object -Property TotalSeconds

# Formatierte Ausgabe
Measure-Command -Expression {
    $files | Format-Table -Property Length, Fullname
} | Select-Object -Property TotalSeconds

Measure-Command -Expression {
    $files | Format-List -Property Length, Fullname
} | Select-Object -Property TotalSeconds
```

Verbesserte Fehlermeldungen

Eine der praxisnahesten Verbesserungen ist der *ConciseView* (concise = prägnant) für Fehlermeldungen (siehe Abbildung 20-1).

Hatte man in der Vergangenheit die Wahl zwischen der »NormalView« (Standard bis PS 6) und der selten genutzten »CategoryView«, so ist die »ConciseView« nun der neue Standard.

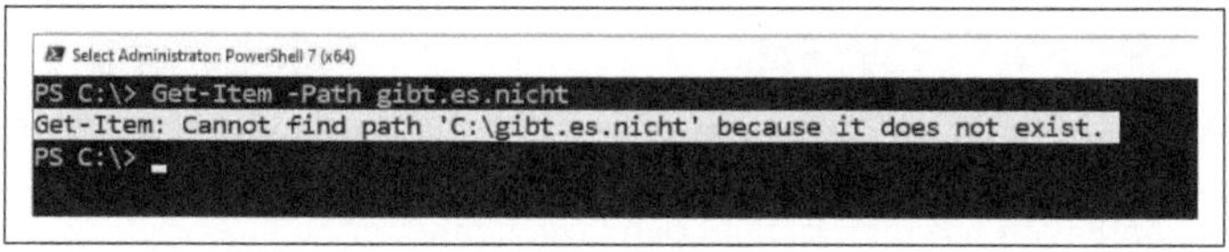

```
Select Administrator: PowerShell 7 (x64)
PS C:\> Get-Item -Path gibt.es.nicht
Get-Item: Cannot find path 'C:\gibt.es.nicht' because it does not exist.
PS C:\>
```

Abbildung 20-1: Die neu eingeführte »ConciseView«

Der Ansichtsmodus lässt sich (wie gehabt) über die Variable `$errorview` steuern. Des Weiteren erlaubt das neue Cmdlet `Get-Error` den detaillierten Zugriff auf die Fehlerhistorie.

```
# Detailanzeige zu aufgetretenen Fehlern
Get-Error # Zeigt nur den letzten Fehler
Get-Error -Newest 5

# Auswahl des Anzeigemodus: NormalView, CategoryView, ConciseView
$errorview = 'NormalView'
```

Die PowerShell unterscheidet die interaktive Eingabe von Anweisungen und das Ausführen von Skripten. Bei der Ausführung von Skripten werden automatisch die fehlerhaften Codefragmente sowie deren Zeilennummern ausgegeben (Abbildung 20-2).

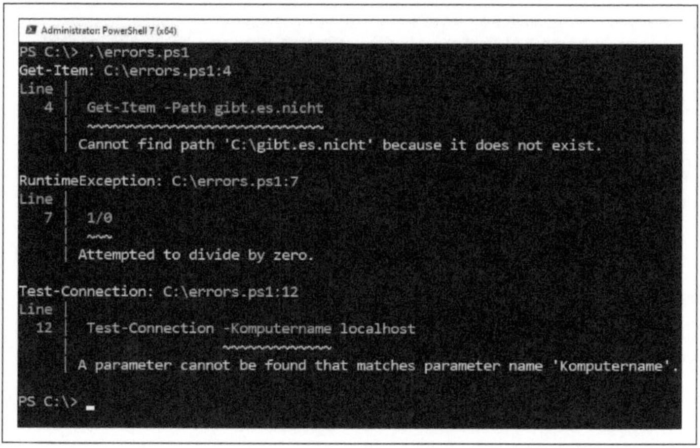

```
Administrator: PowerShell 7 (x64)
PS C:\> .\errors.ps1
Get-Item: C:\errors.ps1:4
Line |
   4 |  Get-Item -Path gibt.es.nicht
     |  ~~~~~~~~~~~~~~~~~~~~~~~~~~~~
     | Cannot find path 'C:\gibt.es.nicht' because it does not exist.

RuntimeException: C:\errors.ps1:7
Line |
   7 |  1/0
     |  ~~~
     | Attempted to divide by zero.

Test-Connection: C:\errors.ps1:12
Line |
  12 |  Test-Connection -Komputername localhost
     |                  ~~~~~~~~~~~~~
     | A parameter cannot be found that matches parameter name 'Komputername'.

PS C:\>
```

Abbildung 20-2: Verbesserte Fehlerdarstellung bei der Skriptausführung

Neue Operatoren

In PowerShell 7 finden sich einige neue Operatoren, die allesamt in anderen Shells oder Programmiersprachen gebräuchlich sind. In vielen Fällen hat man sich an den Gegebenheiten in C# orientiert.

Tabelle 20-1: Neue Operatoren in Powershell 7

<table>
<tr><th>Zeichen</th><th>Englischer Name</th><th>Deutsch (Annäherung)</th><th>Experi-
mentell</th></tr>
<tr><td>?:</td><td>Ternary Operator</td><td>Bedingter Operator</td><td></td></tr>
<tr><td>??</td><td>Pipeline Chain Operator »AND«</td><td>Pipeline-Verkettungsoperator »UND«</td><td></td></tr>
<tr><td>||</td><td>Pipeline Chain Operator »OR«</td><td>Pipeline-Verkettungsoperator »ODER«</td><td></td></tr>
<tr><td>??</td><td>Null-coalescing Operator</td><td>Null-Vereinigungsoperator</td><td></td></tr>
<tr><td>??=</td><td>Null-conditional Assignment Operator</td><td>Null-bedingter Zuweisungs-operator</td><td></td></tr>
<tr><td>?.</td><td>Null-conditional Member Access Operator</td><td>Null-bedingter Zugriffsopera-tor für Mitglieder (von Einzel-objekten)</td><td>X</td></tr>
<tr><td>?[]</td><td>Null-conditional Element Access Operator</td><td>Null-bedingter Zugriffsopera-tor für Mengen</td><td>X</td></tr>
</table>

Beim Blick auf die Übersetzung ins Deutsche wird deutlich, warum wir so häufig ausschließlich die englischen Bezeichnungen verwenden. Wenn Sie das Übermaß an Lehnwörtern minimieren wollen, ist die recht uneinheitliche Übersetzung ein großes Problem. Die englischen Termini werden in aller Regel einheitlich verwendet. So soll die Tabelle oben auch nichts mehr anbieten als eine *mögliche* Übersetzung.

Ternary Operator ?:

Der *bedingte* oder *ternäre* Operator implementiert eine vereinfachte Fallunterscheidung.

```
# Ternary Operator, allgemeine Syntax:
$a -eq $b ? $true : $false

# Ein Beispiel
(Test-Connection -TargetName 'www.oreilly.de' -TcpPort 80) ?
 'Erfolg' : 'Misserfolg'

# Das Gleiche mit if-else
if  (Test-Connection -TargetName 'www.oreilly.de'
-TcpPort 80) {'Erfolg'} else {'Misserfolg'}
```

Mehrgliedrige Abfragen der Form `if () else {} elseif {}` sind nicht darstellbar.

Pipeline Chain Operators ??, ||

Die Pipeline-Verkettungsoperatoren && und || sind altbekannte Steuerzeichen aus der Eingabeaufforderung (*cmd.exe*) und in ähnlicher Form auch in anderen Shells verfügbar. In Abhängigkeit von Erfolg oder Misserfolg eines ersten Befehls links werden die mit && verketteten Ausdrücke im Erfolgsfall bzw. im Misserfolgsfall die mit || verketteten Anweisungen ausgeführt.

```
# Pipeline Chain Operators, allgemeine Syntax
($a -eq $b) ?? $true || $false

# Ein Beispiel
Test-Connection -TargetName 'www.oreilly.de' -TcpPort 80 &&
 'Erfolg'  || 'Misserfolg'

# Ein Beispiel, das in PowerShell und cmd.exe funktioniert
ping localhost && echo "Erfolg" || echo "Misserfolg"
```

Im Gegensatz zu einer `if`-Anweisung und dem damit verbundenen Ternary Operator wertet die PowerShell im Fall der Pipeline-Verkettung die automatischen Variablen `$?` und `$LASTEXITCODE` aus. Hierdurch können Sie gleichwertig externe Programme (Native Commands) verwenden, Sie sind nicht auf Cmdlets beschränkt.

- `$?`: War die Ausführung des letzten Befehls erfolgreich?
- `$LASTEXITCODE`: War die Ausführung des letzten *externen Programms* erfolgreich? Entspricht der Variablen `ERRORLEVEL` in der *cmd.exe*.

Pipeline-Verkettung oder if-else

Der feine Unterschied zwischen den Pipeline-Verkettungsoperatoren und einem `if-else`-Statement wird deutlich, wenn Sie einen `ping` absetzen, auf den der Zielcomputer nicht antwortet.

```
ping 42:: &&
 echo "Erfolg" || echo "Misserfolg"
```

Im Beispiel oben haben wir eine syntaktisch korrekte IPv6-Adresse verwendet, der Host wird aber nicht erreichbar sein. Da die Pipeline-Verkettungsoperatoren bei externen Programmen wie *ping.exe* den `$LASTEXITCODE` auswerten, erhalten Sie ein korrektes Ergebnis.

Bilden Sie dieses Beispiel nun aber eins zu eins in einer `if`-Verzweigung ab, erhalten Sie ein falsches Ergebnis.

```
# Fehlerhafter Versuch
if (ping 42::) {'Erfolg'} else {'Misserfolg'}

# Mit erhöhtem Aufwand zum Erfolg
ping 42::
if ($LASTEXITCODE -eq 0) {'Erfolg'} else
{'Misserfolg'}
```

Bedingte Anweisungen mit `if-else` erfordern einen Ausdruck im Bedingungsblock, der als `$true` oder `$false` interpretiert werden kann. Das externe Programm *ping.exe* liefert, unabhängig von Erfolg oder Misserfolg der ICMP-Echoanforderung, in der Konsole immer nur Text zurück. Die PowerShell interpretiert diese Rückgabe von Zeichen innerhalb des `if`-Statements fälschlicherweise als `$true`.

Null-coalescing Operator ??

Der Null-Vereinigungsoperator prüft einen Ausdruck links vom Operator darauf, ob er einen Wert hat. Wenn ja, liefert er diesen Wert aus. Wenn nein, interpretiert er den Ausdruck rechts.

```
(Get-ChildItem -Filter '*.docx') ?? 'Keine Dokumente gefunden!'
```

Null-conditional Assignment Operator ??=

Analog zu ?? wertet der verwandte Operator ??= den Ausdruck links aus. Hat dieser keinen Wert, wertet er den Ausdruck rechts aus und weist diesen Wert der Variablen links zu.

```
# Beispiel 1
$name = 'Thorsten'
$name ??= 'Max'
$name # Die Ausgabe wird "Thorsten" lauten.

# Beispiel 2
$name = $null
$name ??= 'Max'
$name # Die Ausgabe wird "Max" lauten.
```

Null-conditional Member Access Operators ?. ,?[] (Experimentell)

Diese beiden neuen Operatoren stehen Ihnen nicht unmittelbar zur Verfügung, sie müssen zunächst explizit aktiviert werden, und anschließend muss die PowerShell neu gestartet werden.

```
# Das experimentelle Feature aktivieren
Get-ExperimentalFeature
Enable-ExperimentalFeature
  -Name 'PSNullConditionalOperators'
```

Diese Operatoren beugen *Null Reference Exceptions* vor, die immer dann auftreten, wenn eine Variable nicht initialisiert wurde und Sie dennoch auf ein Mitglied (eine Eigenschaft oder Methode) oder ein Element einer Menge zugreifen wollen.

```
# Beispiel 1: der klassische Weg
$enten = 'Tick','Trick','Track'

try {
    $enten[0]
}
catch {
    $Error[0]
}
```

Wir erwarten sicherlich, dass in Beispiel 1 oben »Tick« ausgegeben wird. Was aber wird passieren, wenn die Variable keinen Wert erhalten hat: `$enten = $null`? In diesem Fall würde die PowerShell einen Laufzeitfehler generieren, und der `catch`-Block wird aktiviert. Ganz schön viel Aufwand für ein paar Enten ...

Von Zeit zu Zeit mag es praktikabler sein, den Laufzeitfehler zu vermeiden und stattdessen eine leere Menge zu verarbeiten. Mit dem neu eingeführten *Null-conditional Member Access Operator* tun Sie exakt das. In Beispiel 3 wird die Ausgabe leer sein, aber ein Laufzeitfehler tritt nicht auf. Im echten Leben werden Sie selbstredend der Variablen nicht willkürlich `$null` zuweisen, dies dient nur der Demonstration.

```
# Beispiel 2: Null-conditional Member Access Operator
$enten = 'Tick','Trick','Track'
${enten}?[0]

# Beispiel 3: Eine nicht initialisierte Variable
$enten = $null
${enten}?[0]
```

Analog verhält es sich mit Methoden und Eigenschaften von komplexen Objekten, wie das nächste Beispiel veranschaulicht.

```
# Beispiel 4: Der übliche Weg
$service = Get-Service -Name 'bits'
$service.Status
$service.Start()
$service.Stop()

# Beispiel 5: Der Dienst ist unbekannt
$service = Get-Service -Name 'nothing'
${Service}?.Status
${Service}?.Start()
${Service}?.Stop()
```

Kompatibilitätsschicht

Die PowerShell bringt eine überschaubare Anzahl an Modulen und Cmdlets mit. In PowerShell 7 befinden sich diese im Programmverzeichnis (in Windows unterhalb von *C:\Program Files\PowerShell\

7\Modules*). Welche und wie viele das sind, können Sie ganz einfach selbst ermitteln.

```
# Ermitteln der PS7-spezifischen Module
$modules = Get-Module -ListAvailable |
  Where-Object -FilterScript { $_.path -like "$pshome*" }

# Ermitteln der zugehörigen Cmdlets
Get-Command | Where-Object -FilterScript { $_.Source -
in $modules.name  } |
  Sort-Object -Property Name  | Get-Unique | Measure-Object
```

Zum Erscheinungstermin dieses Buchs sind es weniger als 300 Befehle in Windows 10 (v2004) im Vergleich zu mehr als 1.500 in der Windows PowerShell auf demselben Betriebssystem – wenn man auf diese Weise zählt. Die Anzahl entspricht näherungsweise den verfügbaren Cmdlets unter Linux und macOS.

Bei näherer Betrachtung dieser *Kernmodule* entdeckt man eine Reihe von Unterschieden zu den Pendants in der Windows PowerShell. So umfasst das Modul *Microsoft.PowerShell.Management* 89 Cmdlets in der Windows PowerShell 5.1, aber nur 61 Cmdlets in der PowerShell 7. Den Generationswechsel haben einige Cmdlets aus diesem Modul nicht überlebt, darunter so prominente wie `Add-Computer`, `*-Eventlog` und `*-WmiObject`.

Schwerer wiegt jedoch der mögliche Verlust all jener Module, die in die Verantwortung der Windows-Entwickler fallen (also nicht unmittelbar zur PowerShell gehören) und im Kontext der Windows PowerShell weiterhin mit jedem Windows 10 und jedem Windows Server ausgeliefert werden. In vielen Fällen sind diese Module nicht explizit für die PowerShell 7 überarbeitet worden. Eine Reihe von Anpassungen und Workarounds macht es möglich, dass viele dieser Module geladen werden können, auch wenn dabei der eine oder andere Kompromiss eingegangen werden musste.

Ein solcher Workaround findet sich in der Umgebungsvariablen `PSModulePath`, die in allen Versionen der Shell anzeigt, in welchen Verzeichnissen Module zu finden sind. In PowerShell 7 enthält sie auch die Windows-PowerShell-spezifischen Pfade. Hierdurch wird es möglich, diese Cmdlets in der PowerShell 7 überhaupt erst einmal zu finden.

```
# Suchpfade der PowerShell
$env:PSModulePath.split(';')

# Ein einfacher Test mit dem WindowsSearch-Modul
Get-WindowsSearchSetting
```

`Get-WindowsSearchSetting` ist Bestandteil des WindowsSearch-Moduls und kann ohne Weiteres unter Windows 10 in der PowerShell 7 aufgerufen werden. Aber Vorsicht: Die PowerShell 5.1 muss installiert sein, sonst schlägt der Aufruf fehl (siehe Abbildung 20-3). In Windows 8.1 und Windows Server 2012 (R2) werden Sie ohne das Update des *Windows Management Framework* (WMF) Fehler erhalten.

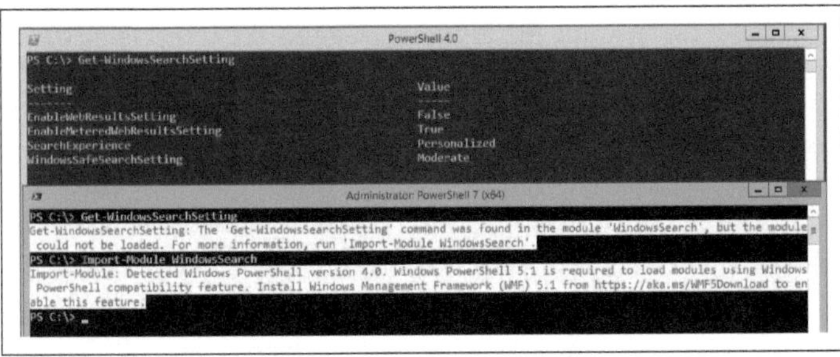

Abbildung 20-3: PowerShell 4 und PowerShell 7: Das Laden der Windows-PowerShell-Module schlägt fehl.

Durch die erweiterte `PSModulePath`-Variable werden nun zwar zahlreiche Cmdlets gefunden, das bedeutet aber keineswegs, dass diese Befehle in allen Fällen fehlerlos ausgeführt werden können. Einige Module der Windows PowerShell 5.1 sind mit PowerShell 7 kompatibel, einige sind es nicht, einige sind es in Teilen. Um Problemmodule auszusparen, werden diese in die zentrale Konfigurationsdatei der PowerShell eingetragen (siehe Abbildung 20-4). Die Datei *powershell.config.json* finden Sie unter Windows im Programmverzeichnis der PowerShell.

C: > Program Files > PowerShell > 7 > {} powershell.config.json > ...

```
{
    "WindowsPowerShellCompatibilityModuleDenyList":  [
                                                         "PSScheduledJob",
                                                         "BestPractices",
                                                         "UpdateServices"
                                                     ],
    "Microsoft.PowerShell:ExecutionPolicy":  "RemoteSigned"
}
```

Abbildung 20-4: Die zentrale Konfigurationsdatei »C:\Program Files\PowerShell\7\powershell.config.json«

Nach der Installation der RSAT stehen Ihnen in der Windows PowerShell insgesamt über 3.000 Cmdlets zur Verfügung, sehr viele davon auch in der PowerShell 7.

```
# Installation der RSAT in Windows 10
Get-WindowsCapability -Online -Name 'rsat.dhcp*' |
  Add-WindowsCapability -Online
```

Die wichtigen Active-Directory-Cmdlets funktionieren ohne Einschränkungen, das Modul *BestPractices* leider nur in der Windows PowerShell. Im Zweifel müssen Sie ausprobieren, ob ein für Sie bedeutsames Modul kompatibel ist.

Microsoft veröffentlicht eine umfangreiche Tabelle mit Kompatibilitätsangaben, die auch die Module der *Remote Server Administration Tools* umfasst: *https://aka.ms/PSModuleCompat*

Sie finden in dieser Tabelle noch eine weitere Besonderheit, die ich am Beispiel der *DHCPServer*-Erweiterungen erläutern möchte. Mit den RSAT ist auch der Zugriff auf den DHCP-Server möglich. Allerdings erzeugt das Laden des Moduls automatisch eine *WinPSCompatSession* (siehe Abbildung 20-5), die nichts anderes repräsentiert als eine Remotesitzung gegen die eigene Maschine. Unter der Haube sprechen Sie dabei mit der Windows PowerShell, wovon Sie kaum etwas mitbekommen werden. Dieses Verfahren kennen Sie als *Implicit Remoting*. Auf diese Weise *versteckt* das System die Inkompatibilität zur PowerShell 7, wobei es einen kleinen, aber wesentlichen Unterschied gibt: Sie müssen das Remoting hierfür nicht explizit aktivieren. Vergleichen Sie hierzu auch das Kapitel 15, *Entfernte Rechner verwalten*.

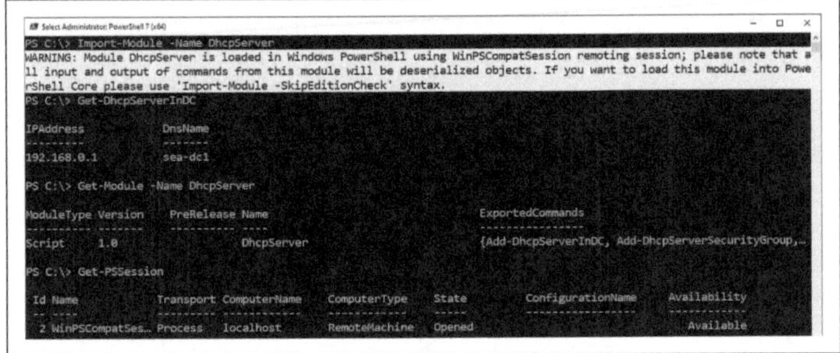

Abbildung 20-5: DHCP-Servermodul in einer WinPSCompatSession

Sie können diesen Automatismus unterbinden, indem Sie die zentrale Konfigurationsdatei (*powershell.config.json*) um eine Direktive erweitern. Achten Sie auf den Eintrag `DisableImplicitWinCompat: true`.

```
{
  "WindowsPowerShellCompatibilityModuleDenyList":  [
    "PSScheduledJob",
    "BestPractices",
    "UpdateServices"
  ],
    "Microsoft.PowerShell:ExecutionPolicy":  "RemoteSigned",
    "DisableImplicitWinCompat": true
}
```

Sie können diese Einstellung übergehen, indem Sie ein Modul explizit mit dem Parameter `-UseWindowsPowerShell` laden.

```
Import-Module -Name DHCPServer -UseWindowsPowerShell
```

Der bessere Weg: Implicit Remoting gegen den Server

So verständlich das Bemühen des PowerShell-Teams ist, die großen Unterschiede zwischen PowerShell 7 und der Windows PowerShell zu kaschieren, die x-te Ausnahme verwirrt oft mehr, als dass sie langfristig hilft. Sie können in der Regel auf die *WinPSCompat-Sessions* verzichten und stattdessen unmittelbar mit dem (DHCP-)Server *sprechen*, indem Sie die Verbindung zum Server eigenständig initiieren und das Modul in die Session laden.

```
$cred = Get-Credential
$PSSession = New-PSSession -ComputerName
sea-dc1
  -Credential $cred

$ProxyModule = Import-PSSession -Session
$PSSession
  -Module DhcpServer

Get-DhcpServerInDC
```

Der große Vorteil dieser Lösung ist: Sie müssen nicht einmal die RSAT auf Ihrem lokalen PC nachinstallieren. Und sollten Sie ein System ohne Windows PowerShell 5.1 nutzen (Windows 8.1, Windows Server 2012 [R2], Linux, macOS), so funktioniert der hier beschriebene Weg ebenfalls.

Anhang: Windows PowerShell: Desired State Configuration (DSC)

Mit der Neuausrichtung zur plattformübergreifenden Shell ist eine Reihe von Funktionen verloren gegangen. Aufgrund der besonderen strategischen Bedeutung soll hier ein Überblick über die *Desired State Configuration* gegeben werden, obgleich diese Technologie nicht vollständig in PowerShell 7 implementiert ist.

Die *Desired State Configuration* (DSC) wurde mit PowerShell 4 eingeführt und mit Version 5 stark erweitert. In PowerShell 6+ ist sie nicht vollständig implementiert. Die nachfolgenden Ausführungen beziehen sich, so nichts anderes genannt wird, auf die Windows PowerShell 5.

DSC repräsentiert eine Komponente in Microsofts Strategie zur Orchestrierung komplexer heterogener IT-Landschaften. Die Architektur der DSC umfasst drei Ebenen, die sich bildhaft mit der Aufführung eines Musikstücks vergleichen lassen.

1. Die DSC-Konfiguration (die Partitur)
2. Die DSC-Ressource (der Orchestermusiker)
3. Der Local Configuration Manager (der Dirigent)

Die DSC-Konfiguration

Eine DSC-Konfiguration beschreibt abstrakt den Sollzustand eines Systems in Form eines *Configuration*-Blocks. Diese *Configuration* ähnelt einer Funktion. Ruft man die *Configuration* auf, erzeugt das System für jeden Knoten/Zielcomputer (Node) eine Datei im MOF-Format (*Windows Management Object File*), die im Wesentlichen die gleichen Informationen enthält, die der *Configuration*-Block definiert.

```
# Den Sollzustand definieren
Configuration DNSHost {
    node ('sv1') {
        WindowsFeature DNS {
            Ensure = 'Present'
            Name   = 'DNS'
        }
        WindowsFeature RSAT-DNS-Server {
            Ensure    = 'Present'
            Name      = 'RSAT-DNS-Server'
            DependsOn = '[WindowsFeature]DNS'
        }
    }
}
# Erzeugen der MOF-Datei
DNSHost
```

Die DSC-Ressourcen

DSC besitzt im Kern keinerlei Fähigkeiten zur Installation eines Diensts oder irgendeiner anderen konkreten Aktivität. DSC greift stattdessen auf Ressourcen zurück, deren Programmcode die erforderlichen Änderungen herbeiführen können. Die lokal verfügbaren DSC-Ressourcen listet das Cmdlet `Get-DscResource` auf. Eine solche DSC-Ressource ist das oben verwendete `WindowsFeature`, das seit Windows Server 2012 R2 mitgeliefert wird.

```
# Liste alle vorhandenen DSC-Ressourcen auf
Get-DscResource

# In Windows Server integriert: "WindowsFeature"
Get-DscResource -Name WindowsFeature
```

DSC-Ressourcen können prinzipiell in jeder erdenklichen Sprache erstellt werden, der Einsatzzweck ist explizit nicht auf Windows beschränkt. Im Beispiel oben verweist der Konfigurationsblock auf die Ressource `WindowsFeature` und definiert die erforderlichen Rollen und Features. Abhängigkeiten (`DependsOn`) definieren die zeitliche Abfolge, in der die Konfiguration umgesetzt wird.

Der Local Configuration Manager

Die programmatischen Änderungen werden durch den *Local Configuration Manager* (LCM) orchestriert, die eigentliche Installation der Rolle DNS und des Features *RSAT-DNS-Server* obliegt der DSC-Ressource.

```
Start-DscConfiguration -Path .\DNSHost -Wait -Verbose
```

Starten Sie die `DscConfiguration` ohne die Parameter `-Wait` und `-Verbose`, erzeugen Sie einen Hintergrundjob, der asynchron Ihre Konfiguration anwendet. Der Parameter `-Force` erzwingt die Umsetzung einer (neuen) Konfiguration auch dann, wenn im Hintergrund bereits eine anderweitige Konfiguration durchgeführt wird. Der LCM wendet immer nur die zuletzt übergebene Konfiguration an. Ob die Konfiguration erfolgreich war, ermitteln Sie mit `Test DscConfiguration` und `Get-DscConfigurationStatus`.

Optional können Sie mithilfe eines Pull-Servers (ein Feature des Windows Server) die Konfigurationen für eine Vielzahl von Servern an einer Stelle im Netzwerk vorhalten und in Intervallen von dort abrufen.

Sie können die aktuelle Konfiguration zurückziehen; die bereits angewendete Systemanpassung machen Sie damit nicht rückgängig. Sie verhindern jedoch, dass der einmal definierte Wunschzustand erneut angewendet wird.

```
Get-DscConfiguration
Remove-DscConfigurationDocument -Stage Current
```

Erweiterbarkeit

Die Trennung in drei Ebenen zeigt den strategischen Wert, den DSC im Kontext komplexer IT-Systeme einnimmt. Ebenso wenig, wie ein einzelner Mensch eine Symphonie aufführen kann, lassen sich moderne Rechenzentren durch einzelne Experten verwalten. Die manuelle Konfiguration und die Optimierung einzelner Computersysteme sind nicht länger wünschenswert, da sie Wartung, Austausch und Migration tendenziell erschweren.

DSC-Ressourcen sollten von den Softwarefirmen bereitgestellt werden, deren Produkte Sie orchestrieren wollen. Um die Bereitstellung und Weiterentwicklung zu beschleunigen, stellte Microsofts PowerShell-Team in der PowerShell Gallery schon früh DSC-Ressourcen bereit. Als Modul implementiert, tragen viele aus historischen Gründen ein Präfix (z.B. x für experimental).

```
Find-Module -tag DSC -Repository PSGallery
Find-DscResource -Repository PSGallery
Install-Module -Name xActiveDirectory -Repository PSGallery
```

Weitere Informationen zur PowerShell Gallery finden Sie im Abschnitt »Die PowerShell Gallery« auf Seite 94.

Die Zukunft der DSC

DSC bringt das Konfigurationsmanagement in die Windows-Welt, in Ansätzen vergleichbar mit populären Werkzeugen wie Ansible oder Puppet. Von Beginn an wurde jedoch die Weiterentwicklung vom PowerShell-Team getragen und fand wenig Widerhall außerhalb des Kreises der PowerShell-Enthusiasten.

Mit dem plattformübergreifenden Neustart der PowerShell in Version 6+ blieb ein Großteil der Funktionalität auf der Strecke; die gezeigten Codebeispiele lassen sich vollständig nur mit der Windows PowerShell 5 umsetzen. Gleichzeitig kündigte Microsoft an, dass der *Pull-Server* zwar weiterhin ein Bestandteil von Windows Server sei, jedoch keine weitere Entwicklung erfahren wird.[1]

Des Weiteren wurde bekannt, dass DSC unter dem neuen Namen *Azure Policy Guest Configuration* weiterentwickelt wird.[2]

Damit wird dann auch eine neue Zielsetzung offenbar: Der Fokus liegt auf Azure-Ressourcen, die es dem Anwender mittels benutzerfreundlichem Webinterface erlauben, die gewünschten Konfigurationen durchzusetzen.

---

1 *https://docs.microsoft.com/en-us/powershell/scripting/dsc/pull-server/pullserver*

2 *https://devblogs.microsoft.com/powershell/dsc-planning-update-june-2019/*

Ob DSC tot ist oder unter dem neuen Namen *Azure Policy Guest Configuration* reüssiert, wird die Zukunft zeigen. Zum Druckzeitpunkt dieses Buchs ist jede Einschätzung Spekulation.

DSC wird gegenwärtig (2020) zu großen Teilen von einer aktiven Interessengruppe getragen, die von der (Weiter-)Entwicklung der DSC-Ressourcen über die Neuimplementierungen des Pull-Servers bis hin zur Bereitstellung von Schulungsmaterialien viele Aufgaben übernommen hat, die man traditionell eher bei Microsoft verortet. Mit der Offenlegung des PowerShell-Quellcodes haben sich diese Dinge geändert. Sie finden die DSC-Community unter der Adresse: *https://dsccommunity.org*

Index

Q

R

S

T